# 카이스트
# 하루습관

최고의 변화를 만드는
학습 혁명

# 카이스트
# 하루 습관

이성혜·고대원·박민서 지음

KAIST

21세기북스

# 자신을 믿고 도전하는 힘을 키우는
# 카이스트 습관 챌린지

"뿌듯했어요."

"자신감이 생겼어요."

"나도 뭔가 할 수 있는 사람이라는 생각이 들어요."

"좀 더 나은 사람이 된 것 같아요."

카이스트 습관 챌린지가 끝난 후 학생들이 한 이야기입니다. 습관 챌린지는 공부 습관을 형성하기 위한 프로젝트였습니다. 하지만 학생들은 공부 습관뿐 아니라 뿌듯함, 자신감, 성공 경험을 얻었다고 말합니다. 학생들의 '변화'를 확인하는 것은 언제나

기쁘고 신나는 일입니다. 학생들의 피드백을 통해 저자들 역시 자신감을 얻었습니다. 그래서 더 많은 학생이 습관 챌린지를 통해 변화할 수 있기를 바라며 이 책을 쓰게 되었습니다.

이 책은 카이스트 습관 챌린지에 참여한 학생들의 이야기입니다. 공부법이나 공부 습관에 관한 책들은 많이 있습니다. 그러나 이 책은 실제 초등학생, 중학생들이 학습 습관을 만드는 과정에 참여해 어떤 경험을 했는지, 무엇을 얻었는지, 어떤 어려움을 겪었고 어떻게 극복했는지에 대한 생생한 이야기를 담고 있습니다. 부모님, 선생님, 어른들이 하는 이야기가 아니라 친구들이 직접 경험한 것을 얘기하는 책이라 더 의미 있습니다.

습관 챌린지는 카이스트 사이버영재교육(https://talented.kaist.ac.kr/)에 참여하는 전국의 초등학생, 중학생들을 대상으로 진행되었습니다. 카이스트에서 학생들을 위한 교육을 한다는 것이 생소하게 여겨질 수도 있을 듯합니다. 사실 카이스트는 초등학생, 중학생들이 수학, 과학, 로봇, 인공지능 등에 흥미와 관심을 갖고 이공계의 인재로 성장할 수 있도록 다양한 교육프로그램을 제공합니다. 이공계 분야를 좋아하고 다른 친구들과 함께 재미있게 공부하고 싶은 학생이라면 누구나 참여할 수 있습니다.

　다른 모든 학생과 마찬가지로 카이스트 영재교육에 참여하는 이들도 공부에 대해 고민합니다. 그럼 습관 챌린지에는 어떤 학생들이 참여했을까요? 공부를 하고는 있는데 왜 하는지 모르는 학생들, 어떻게 해야 하는지 공부 방법이 고민인 학생들, 노력은 하는데 성적이 잘 오르지 않는 학생들, 게임이나 유튜브를 너무 오래 해서 고민인 학생들, 뭔가 스스로 해본 적이 없는 학생들, 이런 학생들이 자발적으로 참여했습니다. 이 학생들은 온라인에 모여 각자 습관을 하나 정한 뒤 8주간 매일매일 이를 실천하고 인증 사진을 찍어 올렸습니다.

　문제집 풀기, 책 읽기, 노트 정리와 같은 공부 습관뿐만 아니라 매일 기상 시간 인증하기, 깨끗하게 정리한 책상 사진 찍어서 올리기, 매일 자신을 칭찬하는 한마디 쓰기, 핸드폰을 부모님께 맡기고 공부한 시간 인증하기, 글씨 쓰기 연습과 같이 각자 고민인 문제에 대해 다양한 방법으로 노력했습니다.

　8주간 학생들을 보면서 저자들은 학생들이 공부 습관 만들기에 진심인 것에 놀랐습니다. 저자인 저희에게도 매일매일 무언가를 실천한다는 건 쉽지 않은 일입니다. 그런데 학생들은 서로를 응원하며 자신과의 약속을 지키려 노력했고, 놀랍게 성장한 모습을 보여주었습니다. 이는 저자들에게 큰 감동을 주었습니다.

학생들이 실천한 습관이 작고 사소해 보일 수 있지만 이를 통해 얻은 것은 결코 사소하지 않습니다. 자신에 대한 믿음과 기대를 갖게 되었기 때문입니다. 스스로 목표를 세우고 이를 끝까지 해냈기에 얻을 수 있었던 것입니다. 이를 통해 어떤 일이든 '나는 해낼 수 있어'라고 생각하게 되었죠.

무엇인가를 이루기 위해서 가장 중요한 것은 한번 이뤄보는 것입니다. 이것을 성공의 경험이라고 합니다. 작은 일에 도전해서 성공을 경험해보면 조금 더 큰 일에도 도전할 수 있는 자신감이 생깁니다. 이렇게 점점 자신을 믿고 도전하는 힘이 커지는 것입니다. 학생들은 습관 챌린지를 통해서 자기를 믿는 힘이 커졌습니다. 바로 작은 성공을 경험했기 때문입니다.

인공지능과 첨단기술의 발달로 세상이 빠르게 변하고 있습니다. 미래학자 레이 커즈와일(Ray Kurzweil)은 기술 변화의 속도가 매우 빨라져서 2040년 정도에는 기술이 인간을 뛰어넘는 특이점(singularity)이 올 것이라고 말합니다. 기술이 어떤 능력을 갖추고 무엇을 할 수 있을지 사람이 예측하기 어려운 시점이 올 수 있다는 얘기입니다.

최근 챗GPT(chatGPT)와 같은 대화형 인공지능 서비스를 사용해본 학생들은 자신보다 더 똑똑해 보이는 인공지능에 놀랄 수밖에 없었을 것입니다. 이 책을 읽는 학생들이 30대가 되는 2040년, 특이점이 오는 미래를 준비하기 위해 공부해야 할 것은 무엇일까요? 어떤 사람이 되어야 할까요? 인공지능보다 나은 사람이 될 수 있을까요? 고민이 많을 것입니다.

누구도 정확하게 답을 해줄 수는 없지만 한 가지 확실한 것은 학습의 주도성과 학습에 대한 책임감이 더욱 중요해진다는 사실입니다. 빠르게 바뀌는 세상에서 학생들이 가져야 할 것은 세상에 대한 관심과 호기심, 새로운 것을 끊임없이 공부할 수 있는 학습에 대한 주인의식과 책임감입니다. 이러한 역량은 하루아침에 길러지지 않습니다. 누가 대신 만들어줄 수도 없습니다. 스스로 결정하고 행동해서 성공하고, 또다시 새로운 것에 도전하는 경험을 여러 번 겪으며 점차 성장해야 합니다.

작은 습관의 실천은 좋은 공부 습관을 만들고 성적을 올리는 데 도움이 됩니다. 나아가 미래를 잘 살아가기 위해 필요한 역량을 키우는 데도 도움을 줄 것입니다.

이 책을 읽고 난 후 바로 습관 하나를 정해 시작해보기 바랍니다. 내일, 다음 주, 다음 달이 아니라 바로 당장 시작할 수 있는 아주 작은 습관을 하나 생각해보세요. 다음으로 미뤄도 하고 싶은 마음이 생기지 않는 것은 마찬가지입니다. 작은 습관으로 시작해서 며칠 실천하다 보면 계속하고 싶은 마음이 생길 것입니다. 중요한 것은 일단 시작하는 것입니다.

2023년 7월

카이스트 이성혜, 박민서

# 작은 성공의 경험이 모여
# 더 큰 승리를 끌어당깁니다

"모든 학생이 100퍼센트 확실하게 성장할 수 있는 방법은 무엇일까?"

"시간이 갈수록 더 잘하는 학생들은 어떤 핵심 비결을 갖고 있을까?"

제가 선생님이 되기로 한 순간부터 계속 갖고 있었던 질문입니다. 또한 대치동에서 만나는 학부모님들과 학생들이 항상 하는 질문이기도 합니다. 저는 그 해답을 찾기 위해 뒤늦게 서울대학교 교육학과에 진학해 석사과정을 밟았습니다. 하지만 낯선 교육학 공부가 쉽지 않았고, 힘들고 괴로워서 큰 방황을 했습니다. 그때 어떻게 하면 스스로 자신감을 되찾고 이 힘겨움을 이겨낼 수 있을지를 고민했습니다. 그러다 '다른 사람들에게 인정을 못 받으면, 나라도 나를 응원해야지'라는 간절한 마음을 먹게 되었습니다.

방법을 고민하다 포스트잇에 그날 잘한 일들을 번호를 붙여 제 방에 붙이기 시작했습니다. 시간이 지나면서 방은 점차 포스트잇으로 채워지게 되었고, 늘어나는 포스트잇을 따라 조금씩 자신감도 생겨났습니다. 그 자신감은 실제로 제가 공부하는 데 큰 힘이 되었고, 덕분에 무사히 졸업할 수 있었습니다.

그때 느꼈습니다. '사소하더라도 매일 습관을 쌓으면 유의미한 성공을 하는 순간이 온다'는 것을 말이죠. 이 깨달음을 통해 학습 습관의 중요성을 인식하는 계기가 되었습니다. 학생들에게 이러한 습관의 힘을 깨닫게 해준다면, 모두 각자의 방법으로 실력을 향상시켜 성장할 수 있으리라는 확신이 들었습니다. 그 후 서울대학교 습관 모임 '5분만', 대치동캐슬 학습센터, 그리고 카이스트 습관 챌린지까지 다양한 습관 프로그램을 9년 동안 운영하면서 학생들에게 습관 방법을 지도하고 있습니다.

이 책에 제시된 원칙대로 습관을 연습하면 학생과 학부모님들이 원하는 실력과 자신감 향상을 경험할 수 있습니다. 대치동에서 실제로 수학을 가르치는 선생님으로서 자신 있게 말씀드립니다. 당연한 말이지만 공부는 학생이 스스로 해야 합니다. 대신해줄 수 없는 부분입니다. 그러나 자기주도학습 시스템을 만들기 위해서는 선생님의 지도와 학생의 축적된 시간이 모두 필요합니다. 어찌 보면 학생에게 맞는 학습 습관을 만들어주는 것이야말로 선생님과 부모님이 줄 수 있는 가장 큰 선물이라고 생각합니다.

이 책에는 카이스트 영재교육센터와 함께 치열하고 즐겁게 연습한 학생들의 습관 챌린지 과정을 솔직하게 담았습니다. 습관을 만드는 원리부터 습관 선택과 계획, 그리고 결과까지 실제로 현장에서 사용한 방법은 물론 학생들의 인터뷰 내용이 생생하게 담겨 있습니다. 그 과정에서 학생들이 울고 웃으며 실제로 자신만의 습관 시스템을 만들고 성장하는 모습을 지켜보았고, 큰 보람을 느꼈습니다.

카이스트 교육 전문가들과 대치동 현장에서 지도하는 선생님들이 모여서 습관 챌린지 프로그램을 만들었습니다. 그리고 많은 학생과 함께 그것을 8주 동안 실천하면서 실제로 유의미한 변화와 성과를 확인한 것이야말로 이 책이 지닌 가장 큰 가치입니다. 이 책을 읽는 학생과 학부모님들도 이들의 성공담을 읽거나 성장을 구경하는 데만 머물지 않을 것입니다. 학생들이 실제로 따라 하고 연습할 수 있도록 챌린지 워크시트를 제시했으니 적극 활용하시기 바랍니다.

대치동에서 공부 잘하는 학생들을 많이 봐왔고 여전히 그들을 지도하고 있습니다. 그런데 그중에서 가장 기억에 남는 인상적인 학생은 현재 성적이 가장 좋은 학생이 아닙니다. 공부 실력이 점점 늘어서 1년 뒤 어떤 모습으로 성장할지 기대가 되는 학생입니다.

초등학교 과정을 지나, 중학교, 고등학교, 심지어 대학생이 되어서도 꾸준히 성장할 수 있는 학생만이 초격차를 만들어낼 수 있습니다. 그러한 초격차는 시간의 축적을 통해서만 만들어집니다. 성장의 폭이 크지 않더라도 매일 꾸준히 성장할 수 있는 시스템을 만드는 것, 그것이 습관 챌린지의 궁극적인 목표입니다. 그리고 그걸 이루기 위한 구체적인 방법을 최대한 자세하게 이 책에 담았습니다.

그럼 학생들만 성장하면 되는 걸까요? 그렇지 않습니다. 선생님과 학부모님도 같이 성장해야 합니다. 그래야 성장하는 학생들을 이해하고 다음 단계를 지도하고 나아갈 방향을 제시할 수 있습니다. 학생들에게 모범을 보이기 위해 습관 챌린지 역시 작은 승리를 계속 쌓아가고 있습니다.

처음에는 저 혼자 습관을 시작했고, 그것이 2년 뒤에는 서울대학교 습관 모임이 되었습니다. 그 후 대치동에서 학생들을 위한 수학 습관 시스템으로 발전했으며, 지금은 카이스트 습관 챌린지로 많은 학생과 성장의 기쁨을 함께 경험하고 있습니다. 이제는 학생들뿐 아니라 100여 명의 학부모님과 함께 학부모 습관 챌린지를 진행하고 있습니다. 습관 챌린지를 쉽게 할 수 있는 앱 '쌓다'도 제작 중입니다. 저희 역시 습관 챌린지를 통해 매년 성장하면서 강해지고 있습니다.

대치동과 카이스트 학생들, 그리고 학부모님들이 습관을 실천한 원칙과 방법은 모두 같습니다. 대상과 상황에 따라 습관의 종류가 다를 뿐이죠. 카이스트 습관 챌린지에서 진행했던 방법은 누구든 자신의 상황에 맞추어 적용하고 활용할 수 있습니다. 습관 만드는 방법은 한 번만 확실히 배워 익히면 어떤 문제에든 적용해 활용할 수 있습니다. 이 책이 학생과 학부모님들에게 작은 승리를 쌓아 큰 성공을 만드는 출발점이 될 수 있으면 좋겠습니다.

여러분들의 교육과 성장을 진심으로 응원합니다.

2023년 7월

**대치동캐슬 학습센터 고대원**

# 차례

## PART 1

# 습관은 가장 강력한 학습 무기다

# PART 2

## 카이스트 학습 습관 프로젝트는 무엇이 특별할까

# PART 3

## 절대 실패하지 않는 자기주도학습 습관

# PART 4 ——————————————

# 자기주도학습을 위한
# 습관 챌린지 5단계

# PART 5 ——————————————

# 최고의 변화를 만드는
# 60일 습관 챌린지 워크시트

습관은
가장 강력한
학습 무기다

KAIST

습관 프로젝트의 목표는 성공 경험을 만드는 것입니다. 일단 한 번 성공을 경험하기 위해서는 작게 시작하는 것이 최선입니다. 작은 습관의 시작은 사소하지만 끝은 사소하지 않을 겁니다. 시간이 힘을 보태기 때문입니다.

# 자기주도학습의 시작은
# 습관이다

"학원에 다니지 않고 혼자 공부하는 것이 자기주도학습인가요?"

자기주도학습에 대해 고민하는 학생들이나 부모님들은 가장 먼저 이런 질문을 합니다. 자기주도학습이 중요하다는 말을 자주 듣긴 하는데, 막상 그 의미는 제대로 모르고 있는 것이죠. 그래서 이런 오해를 하며 '어떻게 하면 스스로 알아서 공부할 수 있을까?', '자기주도학습을 어떻게 시작하지?'라는 고민을 하게 되는 것입니다.

그럼 왜 이런 오해를 하게 되는 것일까요? 학원에서 선생님이 가르쳐주는 것은 학원주도 또는 타인주도 공부라고 생각하기 때문입니다. 집에서 혼자 공부하는 것을 자기주도학습이라고 생각하는 것이죠. 이런 오해는 자기주도학습의 개념을 정확하게 알지 못하기 때문에 생깁니다. 따라서 자기주도학습이 무엇인지 그 의미부터 정리할 필요가 있을 듯합니다.


## 어떻게 공부해야 할지
## 모르는 학생들


자기주도학습은 온전히 나 혼자 공부하고 깨닫는 학습을 말하는 것이 아닙니다. 자기주도학습의 본질은 내가 '내 공부의 주인'이 되어야 한다는 것입니다. 즉 공부를 할 때 스스로 판단하고 결정할 수 있어야 합니다.

학원을 그만두어야 하느냐는 질문으로 돌아가 보죠. 무엇을 더 공부해야 할지 스스로 판단하고 필요하다면 학원의 도움을 받을 수 있을지를 결정할 수 있어야 한다는 뜻입니다.

부모님의 도움 없이 무조건 혼자 공부하는 게 자기주도학습이라는 오해 또한 마찬가지입니다. 부모님이 시켜서 하는 공부가 아니라 내가 스스로 주도해서 하는 공부라면 그건 자기주도학습이라고 할 수 있습니다. 부모님이 필요한 지원을 해주거나 공부를 도와준다고 해서 자기주도학습이 아닌 것은 아니란 얘기죠.

다시 정리해보겠습니다. 자기주도학습이란 왜 공부를 해야 하는지, 무엇을 공부해야 하는지, 또 어떻게 공부해야 하는지를 알고, 내가 공부의 주인이 되어 내 공부를 이끌어나가는 것을 말합니다. 왜, 무엇을, 어떻게 공부해야 하는지 알고 본인의 의지로 결정할 수 있다면 우리는 자기주도학습을 하고 있는 것입니다.

그럼 왜, 무엇을, 어떻게 공부해야 하는지 우리는 얼마나 잘 알고 있을까요? 시험 기간이 닥치면 많은 학생이 무엇부터 시작해야 할지 모르겠다고 이야기합니다. 그리고 시험이 끝나면 이런 식의 하소연을 종종 합니다.

☹ 정말 열심히 공부했는데 시험을 망쳤어.
☹ 다 아는 내용인데 실수로 틀렸어.

이러한 문제는 무엇을 어떻게 공부해야 하는지 잘 모르기 때문에 나타납니다. 많은 경우 공부를 안 해서 시험을 못 보는 것이 아닙니다. 나름대로 열심히 하지만 어떻게 공부해야 하는지 잘 모른 채 해왔기 때문에 노력한 만큼 성과를 얻지 못하는 경우도 많이 있습니다.

이는 단지 시험을 잘 못 치렀다거나 성적이 잘 오르지 않는 것만의 문제가 아닙니다. 보다 근원적인 문제는 공부를 열심히 했는데도 성적이 오르지 않을 때 자신의 '능력'이나 '노력'이 부족해서라고 생각하는 데 있습니다. 이런 생각이 반복되면 스스로에 대한 믿음과 자신감이 점점 떨어지고, 나아가 어떠한 노력을 해도 성공하기 어렵다는 생각에 빠질 수 있습니다. 그래서 잘할 수 있는 일조차 시도하지 않고 포기하는 경우가 생기게 됩니다. 이처럼 공부와 관련된 학생들의 고민은 자기주도학습과 관련된 것이 많습니다.

# 먼저 습관을
# 바꾸는 것에서 시작하자

자기주도학습은 어떻게 시작해야 할까요? 처음부터 자기주도학습을 잘할 수는 없습니다. 먼저 습관을 바꾸는 것에서 시작해야 합니다. 스스로 공부하는 학습 습관을 만들면서 점진적으로 자기주도학습 능력을 키워나가는 것이 좋습니다. 그렇다면 어떤 학습 습관을 만들어야 할까요? 여전히 막연할 수도 있으니 자세히 알아봅시다.

공부를 잘하기 위해서는 공부의 효율을 높이는 게 중요합니다. 효율적이라는 것은 같은 시간을 들여 더 좋은 효과를 얻는 것을 말합니다. 똑같은 시간을 들여 공부해도 더 잘 외우거나 더 잘 이해하거나 더 많은 문제를 풀 수 있다면 당연히 도움이 되겠죠. 또는 내가 모르는 것만 집중적으로 공부하는 것도 효율적인 공부 방법 중 하나입니다.

효율적인 공부 방법에는 여러 가지가 있습니다. 하지만 개인의 성향이나 학습 스타일에 따라 잘 맞는 공부 방법이 따로 있기 때문에 모든 방법이 나에게 도움이 되지는 않습니다. 누군가에게는 효율적인 공부 방법이 내게는 그다지 효율적이지 않

| 습관 챌린지 참여 학생들이 선택한 습관의 유형 |

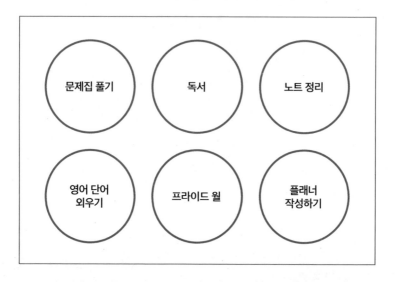

을 수도 있습니다.

　먼저 자신의 학습 스타일과 강점, 약점을 파악하고, 이를 바탕으로 나에게 가장 효율적인 공부 방법을 찾아야 합니다. 효율적인 공부 방법을 찾아나가는 것은 말처럼 쉽지 않습니다. 하지만 다양한 방법들을 시도해보며 실패와 시행착오를 겪는 과정에서 자신의 학습 스타일을 파악할 수 있습니다.

　이 과정을 통해 자신에게 맞는 공부 방법을 발견하고 이를 공부 습관으로 만든다면 더 나은 학습 성과를 얻을 수 있습니다. 실패와 시행착오를 겪으며 자신에게 맞는 공부 방법을 찾은 후에는 이를 공부 습관으로 만들어 지속하는 것이 중요합니다.

2장에서 자세히 얘기하겠지만, 카이스트에서 학습 습관 프로젝트에 참여한 학생들이 선택한 습관의 종류는 매우 다양했습니다. 문제집 풀기부터 노트 정리, 자존감 향상을 위한 칭찬 포스트잇 쓰기 등 각양각색이었습니다. 각자 자신의 상황과 관심이 반영된 습관을 선택하고 연습하면서 발전시켰습니다.

자기주도학습의 출발은 나에게 맞는 공부 방법을 찾고 이를 습관으로 만드는 것입니다. 여기서는 그 점만 알면 충분합니다.

# 우수한 아이들은
# 어떤 습관을 가지고 있을까

자기주도학습을 잘하는 학생들은 어떤 습관을 갖고 있을까요? 우수한 학생들의 공부 습관, 자기주도학습 방법 등을 소개하는 책은 많이 있습니다. 여기에서는 특별히 카이스트 영재교육에 참여해 최상위의 성과를 보이는 학생들의 학습 습관에 관한 연구를 소개하고자 합니다.[1]

# 자신에게 맞는 방법을 찾아
# 효율적으로 공부한다

수학, 과학 영재교육에 참여하는 학생들은 대체로 매우 명확한 관심 분야나 주제가 있습니다. 또한 관심 분야에 대한 지적 호기심을 바탕으로 학습 동기와 목표가 높은 편입니다. 이 학생들은 자신이 좋아하는 분야에 대해서는 꼬리에 꼬리를 물며 파고들어 지식을 확장해 나갑니다. 또는 궁금증이 해결될 때까지 깊게 몰입해 생각하는 특성이 있습니다.

그러나 그 학생들의 공부 방법이 아주 기발하거나 특별한 것은 아닙니다. 그들은 이미 잘 알려진 공부 방법 중에서 자신에게 맞는 것을 찾아 매우 효율적으로 잘 활용하는 것을 알 수 있었습니다.

이 학생들은 자신의 학습 스타일 그리고 자신에게 맞는 효율적인 학습 방법을 잘 파악하고 있습니다. 단순하게 외워야 하는 과목을 싫어하지만 암기를 효율적으로 하기 위한 자신만의 독특한 방법이 있다고 말합니다.

또한 자신이 언제, 어디서 공부할 때 집중이 가장 잘 되는지를 알고 있습니다. 다시 말해 이 학생들은 공부를 잘하기 위한

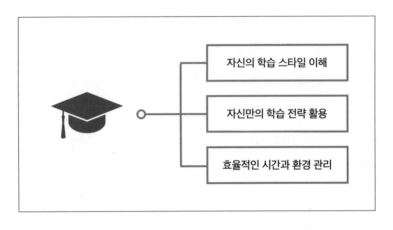

비법이 있다기보다는 자신을 잘 이해하고 적합한 공부 방법과 환경을 선택하는 데 있어 우수하다고 할 수 있습니다.


## 반복학습과
## 노트 정리


반복학습과 노트 정리는 대표적인 학습 방법 중 하나로, 이 방법을 모르는 학생은 없을 것입니다. 그러나 언제, 어떻게 반복학습을 하고 어떤 방식으로 노트 정리를 하는지 자신만의 방법을 얘기할 수 있는 학생은 많지 않습니다. 최상위 학생들의 대부분은 학습한 내용을 효과적으로 기억하기 위해 공부한 내용을 다시 한번 노트에 정리하며 확인하는 반복학습 전략을 활용합니다. 1주일 이내에 수업 시간에 배운 내용을 정리합니다. 그리고 이해가 잘 안 되는 내용이나 수업 시간에 정리하지 못한 내용을 노트에 정리하면서 학습합니다.

노트 정리는 다양한 목적과 방법으로 활용될 수 있습니다. 우수한 학생들은 배운 내용을 자신이 기억하거나 이해하기 쉬운 방식으로 노트에 다시 정리할 뿐 아니라, 자신이 알고 있는 내용이 정확한지 확인하기 위해 노트 정리를 활용합니다.

## 아는 것과 모르는 것을 구분하는
### '메타인지 전략'

우수한 학생들은 '아는 내용과 모르는 내용의 구분을 통한 선택과 집중 학습 전략'을 활용합니다. 이미 알고 있는 내용과 모르는 내용을 명확하게 구분해 선택과 집중을 하는 것입니다.

아는 내용과 모르는 내용을 구분한다는 것은 '메타인지 전략'을 적극적으로 활용한다는 것을 의미합니다. 즉 자신이 학습한 내용과 그 결과를 지속적으로 모니터링하면서 아는 내용과 모르는 내용을 구분하는 습관이 있습니다. 아는 내용은 빠르게 넘어가고 이해하지 못한 내용에 집중하면서 학습의 효율을 높이는 것입니다.

아는 내용과 모르는 내용을 파악하는 대표적인 방법으로 노트에 직접 써보는 방법이 있습니다. 우리가 학습한 내용을 제대로 이해하고 기억했다면, 그 내용을 말로 설명하거나 글로 재작성해 표현할 수 있어야 합니다. 알고 있다고 그저 머릿속으로만 생각하는 건 학습된 것이 아닙니다. 그것은 마치 학습된 듯한 착각, 즉 학습의 환상illusion of learning일 수 있습니다.

예를 들어 책을 읽고 학습한 후에는 막연히 그 내용을 외우고 기억했다고 느낄 수 있습니다. 그런데 책을 덮고 막상 그 내용을 말로 설명하려다 보면, 생각과 달리 제대로 설명하지 못하는 경우가 많습니다. 우수한 학생들은 잘 안다고 생각하는 것을 넘어 그것을 밖으로 잘 꺼내서 표현합니다. 백지에 자신이 배운 내용을 설명하듯이 써보거나white-paper writing skill, 자신이 공부한 내용을 친구들에게 가르치듯 설명하면서learning by teaching 학습을 수행합니다.

이에 대해 학생들은 종종 이렇게 말합니다. "공부한 내용을 친구들에게 설명해줄 때가 있는데요, 어떻게 설명할지 생각하다 보면 배운 내용이 기억나고 이해가 더 잘 되더라고요."

또 다른 학생은 수업 시간이 끝난 후에 배운 내용을 노트에 써본다고 합니다. 배운 내용을 떠올려가며 백지에 그 내용을 써보면 그것이 진짜 내 것이 되고, 어떤 부분을 더 공부해야 하는지도 파악할 수 있다는 것입니다.

## 학습에 도움이 되는
## 시간과 환경 관리

이 외에도 우수 학생들은 공통적으로 학습 시간이나 환경을 효율적으로 관리하는 특징이 있습니다. 학생마다 자신에게 맞는 시간 관리 방법이 있을 겁니다. 하지만 연구에 참여했던 일부 학생들은 내용 단위의 공부 계획보다는 시간을 정해놓고 공부하는 것이 중요하다고 강조했습니다. 내용 중심으로 학습 계획을 세우면 자신이 할 수 있는 양을 정확히 알기 어렵고, 생각보다 많은 시간을 투자해야 할 경우에는 실패할 가능성이 높아지기 때문입니다.

또한 집중력을 높여주는 학습 환경을 조성하는 것도 매우 중요합니다. 이를 위해 우수 학생들은 학습에 방해가 되는 요소가 무언지 파악해 이러한 요소를 의도적으로 멀리하려는 노력을 기울입니다. 집에는 TV나 인터넷과 같은 방해 요소가 많은데, 이것들을 피해 도서관에서 공부하려 노력하는 것이 여기에 해당합니다.

공부에 집중하게 만드는 환경도 중요합니다. 하지만 이들은 공부에 방해되는 환경적 요소를 먼저 차단하고 공부에 집중할 수 있는 환경을 만들어 몰입하는 특성을 보였습니다. 이는 앞서 언급한 자기통제와 관련이 높은 특성입니다.

스트레스 관리 역시 학습을 지속하는 데 중요한 요소입니다. 공부에 몰입하기 위해서는 적절한 휴식이 필요합니다. 우수 학생들은 음악 듣기, 게임하기, 운동하기와 같이 자신의 스트레스를 해소하는 데 도움이 되는 것을 명확하게 파악하고 있습니다. 이러한 활동 자체를 즐긴다기보다 학습을 위한 재충전의 방법으로 이를 현명하게 활용하는 것입니다.

# 특별한 비법도
# 습관을 이길 수는 없다

이처럼 자기주도학습을 성공적으로 잘하는 학생들도 있지만 이 학생들이 처음부터 자기주도학습을 잘했던 건 아닙니다. 앞서도 말했듯이 이 학생들은 자신에게 맞는 학습 습관을 찾고 꾸준히 실천함으로써 자신만의 학습 습관을 만들어왔습니다.

자신에게 맞는 학습 방법을 찾아 그것을 습관화하는 것부터 해보기를 바랍니다. 당장은 조금 힘들지 모르지만, 습관이 되어 그 방법을 지속하다 보면 언젠가는 큰 성과를 거둘 수 있습니다. 이런 믿음을 갖고 자신의 학습 습관을 발전시키려는 노력이 필요합니다.

나만의 학습 습관을 만들기 위한 노력의 시간이 충분히 지나고 자신만의 자기주도적인 학습 능력이 생겼을 때 무엇이든 할 수 있다는 자신에 대한 믿음이 생깁니다. 그리고 자신에 대한 믿음은 어떤 상황에서도 자신을 지켜주는 가장 확실한 경쟁력이 될 것입니다.

# 일단 좋아하는 일로
# 작게 시작한다

우리의 목표는 나한테 맞는 공부 방법을 찾고 이를 습관으로 만드는 것입니다. 그럼 학습 습관 만들기는 어떻게 시작해야 할까요?

성공적으로 자신이 원하는 습관을 만들기 위해서는 습관도 다른 교과 과목처럼 체계적으로 배워야 한다는 것을 알아야 합니다. 학생들이 수학을 공부할 때는 해당 과정에서 요구되는 개념과 성질, 그리고 증명하는 과정을 배웁니다. 또한 배운 것을 문제에 적용하면서 문제 풀이 과정을 알게 됩니다. 어느 누구도 수학을 개념부터 시작해 체계적으로 배워야 한다는 사실을 부인하지 않습니다.

습관도 이와 마찬가지입니다. 단순히 의지나 열정만 갖고 노력한다고 되는 것이 아닙니다. 학습 습관을 정하고 행동하기 위해서는 먼저 마음가짐부터 가다듬어야 합니다. 그런 후에는 구체적으로 습관을 선택하는 방법, 습관을 실천하는 시간대와 기록 방법, 그리고 효과적으로 습관을 실천하기 위해 환경을 조성하는 것까지 체계적인 전략이 필요합니다. 습관에 대해 더 깊이 이해하고 공부할수록 자신이 원하는 습관을 형성할 가능성은 높아집니다.

## 학습 습관, 열정보다 중요한 건
## 체계적인 방법이다

누구나 좋은 습관을 만들기 위해 큰맘 먹고 시도했던 경험이 있을 겁니다. 매년 새해가 시작될 때마다 사람들은 많은 결심을 합니다. 매일 한 시간 운동하기, 자기 전 삼십 분 독서하기, 문제집 한 페이지 풀기 등 다양한 계획을 세우죠. 하지만 대부분은 며칠 하다 말고 실패로 끝납니다. 마음먹은 일이 삼일을 못 가서 흐지부지된다는 '작심삼일'이라는 말이 괜히 있는 게 아닙니다.

그렇게 몇 해 실패하다 보면 더 이상 새해 계획을 세우려는 시도조차 하지 않습니다. 어차피 또 실패할 테니 굳이 계획을 세워 무엇하나 생각하기 때문입니다. 우리가 습관을 만드는 데 실패하는 것은 대체로 이런 식입니다. 야심차게 계획을 세우지만 그것을 지속해서 실천하지 못하기 때문에 포기하게 됩니다. 그리고 이때 자신의 의지박약이나 게으름을 탓합니다. 문제는 다른 데 있는데 말입니다.

그렇다면 꾸준히 실천할 수 있는 원리는 무엇일까요? 그것은 지속이 가능하도록 아주 쉽고 작은 일, 그리고 자신이 좋아하는 일부터 시작하는 것입니다. '매일 게임 삼십 분 하기' 같은 습관을 정하면 어떻게 될까요? 이미 생각만 해도 너무 신나고 빨리 시작하고 싶을 겁니다. 그렇다면 '하루에 영어 단어 다섯 개 외우기' 또는 '매일 윗몸일으키기 세 개 하기'는 어떤가요? '이 정도는 해볼 만할 것 같은데'라는 생각이 들 겁니다. 왜 그럴까요?

그 이유를 알아보기 위해 습관을 만들기 위한 몇 가지 원리부터 살펴봅시다.

첫째, 내가 하기 싫고 못하는 것을 습관으로 만들기보다는 내가 잘하는 것으로 시작해야 합니다. 수학 문제 풀이가 너무 싫은데 수학 공부부터 시작하면 당연히 실패할 수밖에 없습니다. 대신 좋아하는 과목을 먼저 시작한다면 공부를 시작하는 마음이 덜 무거울 겁니다.

둘째, 작은 습관으로 시작해야 합니다. 당장 지금 시작해도 부담이 되지 않는 작은 것부터 시작하는 것이 꾸준함의 비결입니다. 보통 습관이라고 하면 습관의 결과를 생각하고 내가 갖고 싶은 습관을 목표로 하게 됩니다. 대개 크고 거창한 습관들입니다. 하지만 실천하는 데 시간과 노력이 많이 들면 꾸준히 하기가 어렵습니다. 따라서 매일 해도 부담으로 느껴지지 않는 작은 습관으로 시작하는 것이 중요합니다. 시작의 장벽이 높지 않아야 지속할 수 있습니다.

# 작은 습관이 지속되면
# 큰 성과로 돌아온다

습관을 만들기 위해서는 먼저 좋아하는 일, 작은 습관으로 시작한다는 것을 살펴봤습니다. 그럼 내가 갖고 싶은 학습 습관, 자기주도학습 습관은 언제 완성할 수 있을지 궁금해질 것입니다. 작은 습관이 쌓이면 큰 성과로 나타날 수 있습니다. 예를 들어 하루에 영어 단어 다섯 개 외우기를 꾸준히 했다고 합시다. 한 달이면 150개, 1년이면 54,000개의 단어를 외우게 됩니다. 물론 이 과정에서 잊어버리고 다시 외우고 하는 일들이 생기지만 그래도 괜찮습니다.

수학 문제를 풀 때 개념을 이해하고 문제를 정확히 푸는 연습을 하기 위해 서술형 풀이 습관을 갖고 싶었던 학생이 있었습니다. 이 학생은 주 2회, 한 번에 네 문제씩 1주일에 총 여덟 문제의 중학교 서술형 기출문제 풀이를 쓰는 연습을 했습니다. 1주일에 여덟 문제니까 충분히 할 수 있는 분량이었습니다. 이렇게 해서 3개월이 지나니 약 100문제의 서술형 문제 풀이 노트를 만들 수 있었습니다. 1년 6개월 동안 중학교 6개 과정에 해당하는 600문제의 서술형 기출문제를 연습하고 풀이 노트를 만들었습니다.

어떤가요? 서술형 풀이 습관을 만들고 싶다는 처음의 생각은 무척 막연했습니다. 하지만 이렇게 작은 습관들로 나누어 실행해보니 막연한 생각이 구체적인 실행 계획이 되었습니다. 그리고 작은 습관이 쌓여 누구도 따라갈 수 없는 큰 성과를 만들수 있다는 것을 확인할 수 있었습니다. 1주일에 여덟 문제를 푸는 습관이 쌓여 이 학생은 수학에 자신감이 생겼고 결국 영재학교에 진학할 수 있었습니다. 작은 습관의 힘입니다.


## 반복되는 성공의 경험이
## 자신감을 자라게 한다


작은 습관을 지속함으로써 우리가 경험할 수 있는 것은 '성공의 경험'입니다. 내가 무엇인가를 스스로 이뤘다는 경험은 또다른 것에 도전하게 하는 강력한 원동력이 됩니다. 이처럼 작은습관들을 지속해서 유지하고 성공하는 것은 스스로 가치 있고유능한 사람이라는 자신감 향상에 큰 도움이 됩니다.

우리나라에서 가장 공부를 잘하고 완벽한 공부 습관을 갖고 있을 것 같은 서울대학교 학생들 1,200명과 함께 진행한 7년 동안의 습관 모임은 그것을 확인시켜주었습니다. 그들의 공부 실력은 이미 충분히 입증되었습니다. 하지만 다른 문제들이 있었죠. 독서와 운동, 일찍 일어나기, 외국어 공부하기, 스마트폰 덜 사용하기 등 일상생활에서 필요한 습관을 만들지 못해 고민하고 있었습니다.

이 문제를 해결하려면 자신에게 필요한 습관을 정하고 그것을 실천하는 노력이 필요했습니다. 그래서 문제 해결을 위해 습관 모임을 만들었습니다. 이 모임을 통해 알게 된 것이 있습니다. 이미 공부에서 충분히 성공한 서울대학교 학생들이라 해도 자신이 잘하고 있다는 확신이 지속적으로 필요하다는 것을 말입니다. 이 모임을 통해 학생들은 매일 자신이 정한 몇 가지를 실천하면서 습관화하고, 스스로 잘할 수 있다는 확신을 갖게 되었습니다.

스스로 잘해낼 수 있다는 믿음이 있는 학생과 그런 믿음이 없는 학생, 둘 중 누가 더 좋은 습관을 쌓아 성공할 수 있을까요? 답은 모두 잘 알고 있을 것입니다. 자신에 대한 믿음, 잘해낼 거라는 자신감은 매우 중요합니다. 이는 공부뿐 아니라 인생 전반에도 매우 긍정적인 영향을 미치기 때문입니다.

카이스트에서는 이 원리들을 적용해 학습 습관 챌린지를 진행했습니다. 학생들이 매일 실천할 수 있는 작은 습관을 직접 선택하고, 8주간 그것을 실천해보도록 하는 것이었습니다. 그리고 이러한 작은 습관의 실천이 학생들에게 어떤 영향을 미쳤는지 살펴보았습니다. 특히 학생들이 습관을 실천하면서 겪은 경험과 생각을 바탕으로 다른 학생들에게 적용할 수 있는 습관 실천 전략을 3부에 제시했습니다. 친구들이 직접 경험해본 것이기에 분명 다른 학생들에게도 큰 도움이 될 수 있을 것입니다.

# 작은 승리를 쌓아
# 큰 성공을 만든다

앞서 서울대학교 습관 프로젝트에서 진행한 습관 사례를 간단히 살펴보았습니다. 이와 비슷한 습관 사례를 대치동에서도 찾아볼 수 있습니다. 이 두 사례 모두 좋은 습관을 만들기 위해 노력하는 사람들의 이야기입니다. 여기서는 이 두 곳에서 진행했던 습관 프로젝트의 방법과 진행 과정을 간단히 소개해보려 합니다.

# 서울대학교 습관 모임
## '5분만'

서울대학교 습관 모임 '5분만'은 2013년부터 2019년까지 총 1,225명의 서울대 학생들이 참여한 습관 프로젝트입니다. '5분만'이라는 이름에서 알 수 있듯이 하루에 딱 '5분만'이라도 각자 원하는 습관을 실천하는 것이 목표였습니다.

아시다시피 서울대학교는 대한민국에서 공부를 가장 잘하는 학생들이 모이는 곳입니다. 그 때문에 서울대생은 다들 의지가 강하고 완벽한 습관을 갖고 있을 거라 여겨집니다. 하지만 이 학생들도 실제 생활에서 자신이 원하는 습관을 만드는 것이 쉽지 않았습니다. 습관을 만드는 데 여러 번 실패하고 스스로에 대한 자존감이 낮아진 경우도 많았습니다.

☹ 대학생이 되고 항상 다이어트를 하고 싶었는데, 성공한 적이 거의 없어요. 실내 운동을 하려고 자전거를 본가와 직장 근처 오피스텔 두 곳에 모두 두었지만, 하지 않아서 먼지만 뽀얗게 쌓여 있었어요. 그 자전거를 볼 때마다 내가 의지가 약하다는 생각이 들었어요. 변화가 필요한 시점이었습니다.

☹ 저는 박사과정 논문을 써야 하는 상황인데, 건강이 항상 문제였어요. 그래서 건강을 위한 최소한의 노력으로 영양제와 물 마시기를 하려고 했었는데 그것도 항상 잘 안 되더라고요. 당연히 운동은 언감생심 어려웠고요. 내가 공부를 열심히 하지만, 작은 생활 습관 하나 만들지 못한다는 생각이 들어서 항상 컨디션이 아주 좋지는 않았어요. 변화가 필요한데 계기를 찾는 것이 어려웠습니다.

그들은 습관 모임을 통해 일상생활에서 작은 습관을 실천함으로써 학창 시절에 경험했던 성공을 다시 한번 느껴보고자 했습니다. 그리고 실제로 변화를 경험했습니다. '5분만'에서는 운동(팔굽혀펴기, 스쿼트, 턱걸이, 플랭크 등), 독서(책 한 페이지 이상 읽기, 책 읽고 문장 필사하기, 감상문 한 줄 작성하기 등), 생활(하루 30초 이상 청소기 돌리기, 비타민 한 알 먹기, 공부하기 전에 책상 정리하기 등) 등의 습관을 100일 동안 실천하는 과정을 함께 진행했습니다.

예를 들어 한 참가자는 하루에 자전거 타기 5분 습관을 선택하고 실천했습니다. 자전거를 탄 지 오래되었기 때문에 처음에는 더 쉬운 걸로 시작했습니다. 하루에 한 번 자전거에 오르는 걸 목표로 시작했죠. 그 습관이 지속되면서 결국 누적 거리 2,343킬로미터를 달성했습니다. 인천 → 서울 → 부산까지 자전거로 하는 국토 종주 거리가 633킬로미터인 것을 감안하면 자전거로 국토 종주를 3.5회 한 셈입니다. 이 참가자는 체중 감량에 성공했을 뿐만 아니라, 일상생활에서도 자존감이 높아지면서 큰 활력을 되찾을 수 있었습니다.

또 다른 참가자는 10년 동안 평생 숙제처럼 안고 있었지만 한 번도 성공하지 못했던 턱걸이를 습관으로 정하고 실천했습니다. 그동안 턱걸이에 단 한 번도 성공해본 적이 없었기에 매달려 있기부터 시작해서 미션의 수준을 조금씩 높여갔습니다. 그 결과 턱걸이를 세 개 정도 할 수 있게 되었습니다. 물론 원래부터 운동을 좋아하는 사람과 비교하면 아주 큰 변화는 아닐 수 있습니다. 하지만 불가능하다고 생각했던 것을 스스로 성취해냈기에 공부로 상을 받는 것보다 훨씬 더 소중한 변화였다고 합니다.

서울대학교 습관 모임 '5분만'을 통해 얻게 된 가장 큰 교훈은 '작은 성공 경험은 언제 어디서나 필요하다'는 것입니다. 큰 성공을 경험했던 이들에게도 작은 성공 경험은 지속해서 필요합니다. 그래서 이 책에서 다루는 습관의 원리와 방법들은 학습에도 도움이 되지만, 인생 전반에 큰 도움이 됩니다. 만일 이 원리와 방법들을 계속 활용하고 실천한다면 성인이 된 후에도 분명 큰 효과를 경험할 수 있을 것입니다.

# 대치동캐슬 학습센터의
# 수학 습관 공부

대치동은 대한민국에서 공부에 열의를 가진 학생들이 가장 많이 모여 있는 지역 중 한 곳입니다. 대치동에서 공부하는 학생들은 누구보다 효과적인 공부 방법을 찾기 위해 노력하고 있습니다. 그럼에도 한편으로는 제대로 된 공부 방법을 몰라서 불안해하는 경우도 있습니다. 학생들이 가장 고민하고 불안해했던 것들을 소개하면 다음과 같습니다.

### 배운 개념을 정확하게 모르는 것 같아요

어떤 과목이든 간에 개념 이해가 중요하지만, 수학은 특히 더 중요합니다. 개념과 원리를 이해하지 못하면 다양한 유형의 문제를 풀 수 없기 때문입니다. 그래서 수학 개념을 배울 때는 개념과 풀이 과정을 자신이 직접 써보는 것이 좋습니다. 개념과 풀이 과정을 쓰면서 그 내용을 머릿속에 확실하게 넣어두게 되기 때문입니다. 하지만 대부분은 수업 시간에 문제집으로 진도를 나가기 때문에 개념을 따로 정리하는 과정을 진행하지 않습니다.

이런 이유로 학생들 대부분은 개념을 어떻게 정리해야 하는지 배우지 못했습니다. 그래서 마치 유튜브 동영상을 보듯이 수학 개념과 풀이 과정을 눈으로 보면서 피상적으로 공부하는 경우가 많습니다. 이해하는 게 아니라 그저 눈으로만 따라가는 것입니다. 이 경우 기본 문제까지는 적용할 수 있지만, 사고력이 필요한 심화 문제에서는 개념을 효과적으로 적용하기 힘듭니다. 왜냐하면 개념을 정리하는 학습 습관이 없기 때문입니다.

### 문제를 풀면 답은 맞는데 풀이를 잘 쓰지 못해요.

이 경우도 마찬가지입니다. 흔히 이런 말들을 합니다. "아는 것 같은데 설명하려니 정확히 생각나지 않는다." "머릿속으론 알겠는데 글로는 못 옮기겠다."

왜 이런 일이 생기는 걸까요? 실제로는 잘 모르기 때문에 그렇습니다. 머리로만 알고 있다고 착각하는 것입니다. 답은 맞았지만 그 답이 나오기까지의 풀이 과정을 정확히 모르는 학생들이 많습니다. 개념 정리가 안 된 경우와 마찬가지로 이런 학생들도 평소 문제를 풀 때 충분한 시간을 두고 집중해서 문제 풀이를 써보는 습관이 필요합니다.

문제 풀이 과정을 자기 눈으로 직접 보면서 어느 부분을 잘 알고 어느 부분을 잘 모르는지 확인하는 겁니다.

이때 풀이 과정을 쓰는 방법을 배우는 것도 중요합니다. 글씨를 잘 쓰지 못하는 학생들의 경우에는 줄노트에 맞춰 글씨 쓰는 연습부터 해야 할 수도 있습니다. 문제 풀이를 잘하고 잘 쓰기 위해서는 문제 풀이하는 정확한 방법을 배우고 충분히 익숙해질 수 있을 때까지 연습하는 과정이 필요합니다.

## 문제를 틀리면 고민하지 않고 바로 해답을 봐요

학부모님과 학생들 모두 틀린 문제가 생기면 충분한 고민이 필요합니다. 어느 부분에서 잘못된 것인지 고민하는 과정에서 해당 내용에 대한 이해도가 높아지기 때문입니다. 그리고 학부모와 학생들 모두 이 사실에 대해서는 알고 있습니다. 하지만 충분한 고민을 어떻게 하는 것인지 그 구체적인 방법에 대해서는 모르는 경우가 대부분입니다.

모르는 문제가 있으면 먼저 자신이 알고 있는 조건들을 충분히 정리합니다. 문제 풀이 과정 중 어느 부분을 모르는지 확인한 후에, 정해진 시간을 두고 고민하는 것이 효과적입니다. 이렇듯 왜 틀렸는지 파악하고 다시 풀기 위해 고민하는 것도 무작정 하는 것이 아니라 방법을 배워야 합니다. 그리고 그것들이 습관으로 자리 잡으려면 연습하는 시간이 필요합니다.

소개된 사례들을 보면 학생들의 문제는 실제로 공부를 하지 않는 것이 아님을 알 수 있습니다. 가장 큰 문제는 자신의 고민을 구체적으로 어떻게 해결할 수 있는지 그 방법을 모르는 것이었습니다. 다시 말해 제대로 된 학습 습관을 만들지 못했으며, 그 방법을 모르는 것이 문제의 핵심입니다.

대치동캐슬 학습센터에서는 학생들을 대상으로 몇 가지 방법을 실천하고 있습니다. 수학 수업 후 배운 개념을 외워서 써보는 '백지 개념 테스트', 매 수업 네 문제씩 실제 서술형 기출 문제들의 풀이를 써보고 피드백을 받는 '서술형 노트 풀이', 수업 시간에 선생님이 필기한 것을 기록하고 문제를 포스트잇에 간단히 적어보는 '포스트잇 풀이 노트'가 그것입니다.

처음에는 대부분의 학생이 이런 수학 습관을 어색해합니다. 왜냐하면 이전에는 한 번도 이런 방법을 경험해본 적이 없기 때문입니다. 하지만 체계를 갖추어 습관을 공부하면서 점점 익숙해지고, 100일, 200일 시간의 벽을 세우면서 자연스럽게 실력이 향상됩니다.

그 과정에서 자신이 작업한 개념 노트, 풀이한 문제집, 포스트잇이 많이 붙어 있는 교재를 보게 됩니다. 즉 자신의 성공 경험을 눈으로 보면서 체험하게 되고, 급기야 수학이 좋아지는 신기한 경험을 하게 됩니다. 학생들의 공부는 즐겨야 잘하게 되는 게 아닙니다. 학습 습관을 만들고 연습을 통해서 공부를 잘하게 되면 자연스레 즐기게 되는 것입니다.

대치동 습관 공부 모임에 참여한 학생들은 대부분 수학 실력이 향상됩니다. 하지만 이보다 더 중요한 것은 이런 과정을 통해 형성된 습관들이 다른 과목까지 확대된다는 점입니다. 노트를 정리하고, 포스트잇에다 배운 내용을 정리하는 습관은 수학뿐만 아니라 모든 과목에 적용할 수 있기 때문입니다. 당장 성적을 올리는 1차원적인 공부를 하는 게 아니라 공부를 잘할 수 있는 방법을 배우는 것입니다.

수학에서 성적이 오른 학생들은 그 방법을 전체 과목에 적용합니다. 그리고 각 과목별로 맞춤형 학습 습관을 만들어가며 더 큰 성공 경험을 하고 있습니다. 습관 공부를 활용해 학생들이 반드시 해야 하는 교과 공부에 적용한다면, 더 큰 성장의 기회를 얻을 수 있습니다.

1부에서는 학습 습관이 왜 중요한지, 학습 습관을 형성하는 원리는 무엇이 있는지 알아보았습니다. 2부에서는 앞서 언급한 학습 습관 형성의 원리를 어떻게 적용할 수 있고 어떤 효과가 있는지 '카이스트 학습 습관 챌린지' 사례를 통해 살펴보고자 합니다.

# 카이스트
# 학습 습관
# 프로젝트는
# 무엇이 특별할까

KAIST

습관은 노력하고 실패하고 다시 시작하는 과정을 반복하며 만들어집니다. 학생들은 힘들어도 목표를 향해 꾸준히 노력했고, 원하는 것을 이루는 경험 자체가 큰 자산이 되었다고 합니다. 무엇보다 중요한 것은 포기하지 않고 끝내 해냈다는 성취감을 통해 새로운 목표에 도전할 수 있는 힘을 얻었다는 점입니다.

# 누구나 학습 고민을
# 가지고 있다

습관의 원리를 알고 실천하면 습관을 만드는 데 도움이 될까요? 카이스트 영재교육원에서는 학생들을 대상으로 학습 습관 챌린지를 진행했습니다. 이 챌린지는 학생들이 습관의 중요성과 습관의 원리를 이해하고 자신이 갖고 싶었던 학습 습관을 만들 수 있는 기회를 제공하기 위해 진행되었습니다. 총 8주간 진행했고, 초등학교 5학년부터 중학교 3학년까지 1,320명의 학생들이 참여했습니다.

챌린지에 참여한 학생들은 자신의 학습 습관을 만들고 성장할 수 있는 좋은 기회라고 생각해 자발적으로 참여를 결정했습니다. 학생들이 챌린지에 참여한 이유는 '좋은 습관을 갖고 싶어서', '나쁜 습관을 고치고 싶어서', '학습 습관을 만들고 싶었지만 실패한 경험이 있어서' 등으로 다양했습니다. 하지만 그들의 목표는 같았습니다. '좋은 학습 습관 갖기'를 실현하기 위해서였습니다.

☺ 학습 습관이 형성되어 있지 않아 고민이 많았습니다. 저만의 학습 습관을 형성해보고 싶어서 참여하게 되었습니다.

☺ 계획을 세워 실천해보려고 노력했는데, 매번 실패했어요. 챌린지를 통해 이번엔 꼭 제 학습 습관을 만들어보고 싶습니다.

☺ 어느 순간부터 숙제를 미루는 날들이 생기더라고요. 숙제 미루는 습관을 고쳐보고 싶어서 참여했습니다.

☺ 제가 꾸준히 실천할 수 있는 좋은 습관을 만든다면, 스스로 성장할 수 있는 기회가 될 거 같아요.

챌린지에 참여한 학생들은 먼저 학습 습관이 왜 중요한지, 학습 습관이 어떻게 형성되는지, 어떤 학습 습관들이 있는지 등에 대해 강의를 들었습니다. 이후 나만의 학습 습관을 만들기 위해 계획을 세우고 8주 동안 이를 실천했습니다. 또 친구들과 실천한 내용을 온라인상에 공유하는 시간을 가졌습니다. 이런 과정을 통해 학생들은 자기만의 학습 습관을 만드는 경험을 할 수 있었습니다.

# 카이스트 영재들이 선택한
# 6가지 습관

챌린지에 참여한 학생들은 스스로 자신이 갖고 싶은 습관을 선택했습니다. 학습 습관을 만드는 첫걸음이 바로 학생 스스로 자신에게 맞는 습관이 무엇일지 고민해보고 선택하는 것이기 때문입니다. 카이스트 학습 습관 챌린지에 참여한 학생들은 어떤 습관을 선택했을까요?

대표적인 습관 여섯 가지를 살펴보도록 하겠습니다.

# 문제집 풀기

학생들이 선택한 습관 중 가장 많았던 것이 문제집 풀기였습니다. 문제집 풀기는 문제집의 분량이 정해져 있기 때문에 시작과 끝을 명확하게 알 수 있다는 장점이 있습니다. 그래서 학생들이 가장 쉽게 실천할 수 있는 대표적인 학습 습관입니다. 어떤 습관으로 시작할지 모르겠다면 문제집 풀기가 좋은 길잡이가 될 수 있습니다.

챌린지에 참여하며 문제집 풀기를 선택한 학생들은 주로 수학, 국어, 영어 과목 중 한 가지 과목의 문제집을 선택해서 매일 몇 문제씩 꾸준히 푸는 것을 습관으로 만들고 싶어 했습니다. 문제집 풀기를 선택했지만 문제집을 풀고 인증하는 방식은 학생들마다 달랐습니다.

어떤 학생들은 단순하게 문제 푼 것만을 인증했고, 또 어떤 학생들은 문제를 풀고 채점한 후 오답 노트를 정리하거나 문제 풀이 과정을 기록하기도 했습니다. 그리고 문제집을 풀고 스스로 선생님이 되어 부모님 혹은 친구들에게 직접 그 내용을 설명해본 학생들도 있었습니다.

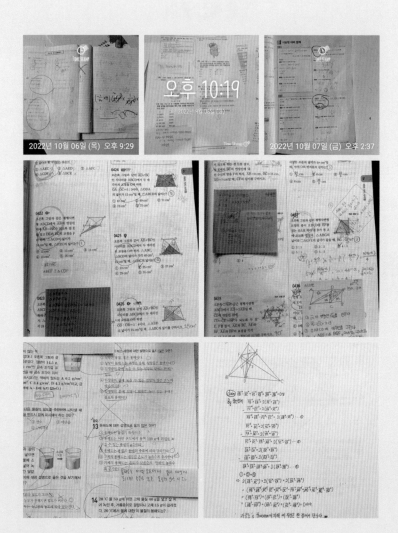

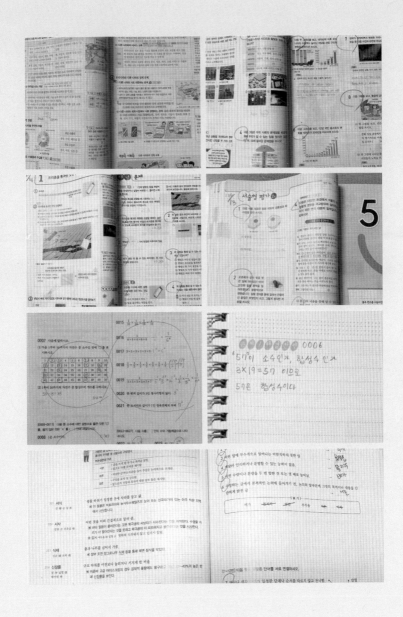

학생들이 문제집 풀기라는 습관을 선택했다는 사실은 같습니다. 하지만 각자 자신에게 맞는 방식을 선택했기 때문에 챌린지를 마친 후에는 친구들과 다른 '나만의 문제집 풀기' 습관을 만들 수 있었습니다.

(습관 2)

## 독서

학생들이 두 번째로 많이 선택한 학습 습관은 독서였습니다. 최근 학생들의 문해력이 낮은 것이 큰 이슈가 되면서 독서의 중요성이 강조되고 있습니다. 문해력이 높으면 맥락을 이해하고 행간의 의미를 잘 파악할 수 있어, 자연스럽게 지문을 이해하고 해석하는 능력이 높아집니다.

같은 내용을 배운다고 해도 문해력이 높은 학생들이 더 많이 더 깊이 이해하고 습득할 수 있습니다. 따라서 독서는 국어 과목뿐 아니라 다양한 과목에서 실력을 향상시키는 데 큰 도움이 됩니다.

독서를 선택한 학생들의 경우 특정한 분야의 도서를 선택해

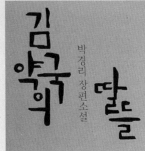

### 〈김약국의 딸들- 박경리 장편소설〉

이 책은 국어학권에서 읽어 보았다. -박경리- 소설가는 좀 어려운 소설을 많이 만드시는 분이기 때문에 내용이 어려울까봐 걱정했지만 많이 어렵지 않았다. 중간중간에 아이들은 이해할 수 없는 어려운 사회적 내용이 있었기는 했지만 전반적인 전체 내용은 어렵지 않았다. 나는 이 이야기가 그저 1개의 이야기일줄 알았는데, 의외로 김약국의 딸들의 이야기를 다 섬세히 들려주었다. 너무 재밌었다.

🐧🐧🐧🐧🐧🐧🐧🐧🐧🐧🐧🐧🐧

---

[고양이가 필요해]　1~156

"나는 사진을 저장하려고 화면을 꾹 눌렀어. 그런데 아무 런 반응이 없었어. 복사 금지가 설정되어 있나 봐."


10/18
[우리가 다시 만날 세계]　1~259

"터널은 깊고 어두웠지만 결국 반대편 빛으로 이어졌다"

---

10/11
[아주 오랜만에 행복하다는 느낌]　1~232

"소설을 쓰는 사람이라 소설이 아닌 형식의 글을 묶을 때면 늘 주저하는 마음이 되지만 이 글들이 누군가 필요한 이들에게 잘 가닿기를 바란다."


10/12
[오늘도 쓰담쓰담]　1~232

"후회하지 않기 위한 결정"

서 읽는 걸 가장 많이 실천했습니다. 책을 읽는 데서 그치지 않고 소감을 노트에 정리하기도 했습니다. 한 줄 소감, 세 줄 소감과 같이 자신이 느낀 점을 짧은 문장으로 요약하기도 했고요. 이뿐만 아니라 기억에 남는 대사를 쓰는 학생, 책을 소개하는 PPT를 만드는 학생, 독서한 내용을 어플에 기록하는 학생 등 다양한 방식으로 독서를 실천했습니다.

학생들이 실천한 독서 방식은 다양했지만 하나의 공통점이 있었습니다. 어떻게든 최대한 독서를 실천할 수 있는 환경을 조성하며 독서를 습관으로 만들어갔다는 점입니다. 학생들은 학교나 학원에서 많은 시간을 보내야 하므로, 독서를 위해 시간을 할애하기 힘든 것이 현실입니다. 이런 상황에서 자투리 시간을 활용하거나 특정한 시간을 지정해 책을 읽는 등의 노력을 하며 스스로 방법을 찾아나갔습니다.

( 습관 3 )

## 노트 정리

학교나 학원에서 배운 내용을 손으로 적는 노트 정리도 학생들이 많이 선택한 습관 중 하나였습니다. 앞서도 말했듯 수업 시간에 배운 내용인데도 문제 풀이에 적용하지 못하는 이유는 개념을 제대로 이해하지 못하기 때문입니다. 배운 것을 정확하게 이해할 수 있는 가장 좋은 방법 중 하나가 바로 배운 내용을 노트에 직접 기록해보는 것입니다. 직접 기록하면서 핵심 개념과 내용을 다시 곱씹으며 내 것으로 만들기 때문이죠.

노트 정리의 중요성은 이미 충분히 강조되어왔습니다. 하지만 노트 필기를 꾸준히 하려면 많은 시간과 노력이 필요하기 때문에 중간에 포기하거나 이때 시작할 엄두를 내지 못하는 학생들이 많습니다. 따라서 노트 필기를 꾸준히 하려면 지속적으로 실천할 수 있는 자신만의 노트 정리 방법을 찾는 것이 가장 중요합니다.

챌린지에 참여한 학생들도 이 부분에 초점을 맞춰서 노트 정리 방법을 찾았습니다. 개념 노트 작성, 배움 노트 작성, 암기 카드 제작, 백지학습법 등 자신에게 가장 잘 맞는 방식으로 학습한 개념을 재정리하며 노트 정리를 자신만의 습관으로 만들 수 있었습니다.

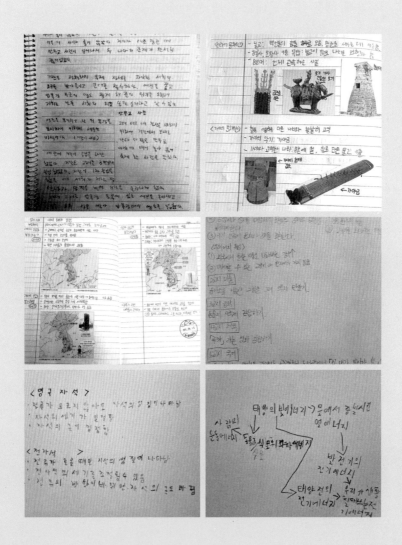

## 습관 4

# 영어 단어 외우기

영어 단어 외우기 역시 학생들이 많이 선택한 습관 유형 중 하나입니다. 영어 단어를 많이 숙지하는 만큼 지문을 정확하게 해석할 수 있기 때문에 많은 영어 교육 기관에서는 영어 단어 외우기를 강조하고 있습니다.

학생들은 대부분 영어 단어 책에서 제시하는 날짜별 영어 단어 외우기 방식으로 습관을 실천했습니다. 외우는 방식으로는 영어 단어를 여러 번 반복해서 쓰는 방법이 가장 많이 사용됐습니다. 그 외에 자체적으로 시험을 보거나 문장을 만들어 외우는 학생이나 단어만 외우지 않고 그 단어가 포함된 문장 전체를 외우는 학생도 있었습니다. 하루 중 가장 기억에 남는 일세 가지를 떠올리고, 이를 자기 전에 영어 문장으로 만들어보는 학생도 있었습니다.

학생들은 영어 단어 외우기 외에도 영어 원서 듣고 해석하기, 영어 읽고 녹음하기, 중국어 쓰기, 일본어 단어 공부하기 등 다양한 습관을 실천했습니다. 이런 것들을 통해 학생들이 어학 공부에 많은 관심이 있다는 걸 알 수 있었습니다.

# | 영어 단어 외우기 인증 사진 |

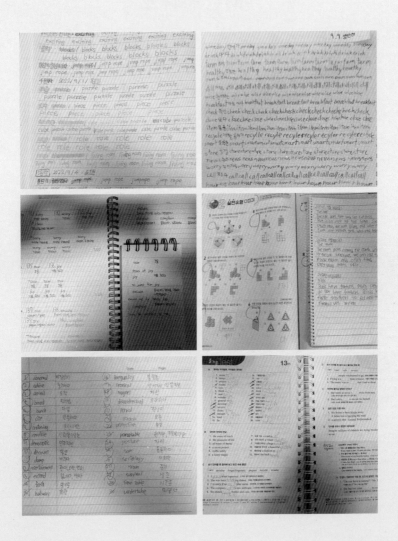

# 프라이드 월

하루 동안 잘한 일과 감사한 일을 포스트잇에 적어서 벽이나 창문에 붙이는 '프라이드 월'이 습관의 예로 학생들에게 소개되었습니다. 프라이드 월은 자존감을 높이고 싶은 학생들에게 가장 많이 추천하는 습관입니다.

매일 자신이 했던 일 중에서 좋았거나 잘한 일을 기록하고 이걸 눈으로 확인하는 것만으로도 큰 도움이 됩니다. 칭찬과 긍정의 메시지를 접하며 스스로 자기효능감과 가치를 확인할 수 있기 때문입니다.

만일 포스트잇을 하루에 세 개씩 작성하면 대략 1년 동안 1,000개를 기록할 수 있습니다. 만약 어떤 학생이 잘한 일이 적힌 포스트잇을 1,000개 이상 붙일 수 있다면 어떤 일이 벌어질까요? 그 학생은 1,000개가 넘는 자신의 장점을 직접 확인하면서 스스로를 충분히 이해하게 됩니다. 이러한 긍정적인 감정은 실제 학업에서 새로운 도전을 하는 데 아주 중요한 원동력이 될 것입니다.

챌린지에서 이 습관을 선택하고 실천한 학생들은 일부러 자

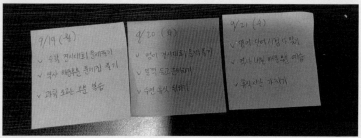

#45  22.10.17
- 30분 일찍 일어나서 책을 읽었다.
- 쪽지시험을 100점 맞았다.
- 제비뽑기에 당첨되었다

#46  22.10.18
- 선생님 심부름을 갔다 왔다.
- 친구와 대결을 했는데 전부 이겼다.
- 친구에게 꿀팁을 주었다.

#47  22.10.18
- 내가 만든 게임을 친구가 정말 재미있다고 했다.
- 코딩을 잘 못하는 친구를 도와주었다.
- 모둠에서 내가 좋아하는 ppt 만들기를 하게 되었다.

#40  22.10.10
- 신박한 아이디어를 생각해냈다
- 준비물들을 까먹지 않고 모두 챙겼다.
- 일찍 잤다.

#41  22.10.11
- 성인이 2시간 걸린다는 방탈출을 40분 만에 탈출했다.
- 친구들과 비비탄 사격 점수 내기를 했는데 내가 가장 높은 점수를 얻었다.
- 에버랜드에서 맛있는 식당을 찾았다.

#42  22.10.11
- 내 모둠이 문제를 가장 많이 풀었다.
- 가족들에게 선물을 주었다.
- 선생님께 칭찬을 받았다.

랑할 만한 일을 찾아 실천하기도 했습니다. 또한 쌓여가는 포스트잇을 보며 자존감이 높아졌으며, 스스로를 사랑하는 계기가 되었다고 합니다.

( 습관 6 )

## 플래너 작성하기

대표적인 시간 관리 전략인 플래너 작성을 선택한 학생들도 많았습니다. 플래너 작성은 자신이 할 일을 기록하는 것뿐만 아니라, 지나간 활동을 정리하고 성찰하면서 학습 활동의 수준을 높일 수 있는 좋은 습관입니다. 플래너 작성을 선택한 학생들의 경우 플래너 노트, 포스트잇, 다이어리 등 다양한 방법을 활용했습니다. 그중에서도 해야 할 일 목록을 만들고 실행 여부를 체크해나가는 체크리스트 방식이 가장 많았습니다.

플래너를 활용한 학생들은 다른 습관을 실천하면서 플래너에 본인이 선택한 습관들, 예를 들어 독서, 문제집 풀기, 영어단어 외우기 등의 목록을 적었습니다. 그리고 그것을 실천했는지 매일 체크하는 형태로 활용했습니다. 이렇게 자신이 한 일과

할 일을 체크하면서 매일매일을 점검하는 것은 계획적인 일상을 살고 공부 습관을 실천하는 데 큰 도움이 됩니다.

이 밖에도 성찰일지 작성, 코딩하기, 클라리넷 연습하기, 공부 전 책상 정리하기, 글씨 쓰기 연습하기, 전자기기 반납 후 공부하기, 스톱워치 켜고 공부하기, 연필 바르게 잡는 연습하기, 하루 3,000보 이상 걷기, 기상 및 취침 시간 형성하기, 고사성어 적기, 사자성어 및 속담 적기, 시 쓰기 등 학생들이 실천했던 습관은 매우 다양했습니다.

학생들은 챌린지를 통해 평소에 자신이 갖고 싶었던 학습 습관이나 생활 습관을 실천하고 자기 것으로 만들기 위해 노력했습니다. 이러한 습관들이 잘 정착된다면 자신만의 학습 스타일을 개발하는 것은 물론, 일상생활을 효율적으로 유지하는 데에도 큰 도움이 될 수 있습니다.

앞서 소개한 사례들을 보면서 자신에게 맞는 학습 습관은 무엇일지 고민해보는 것도 나만의 학습 습관 만들기에 큰 도움이 됩니다. 그리고 챌린지에 참여한 학생들처럼 습관을 하나 선택해서 실천해봅시다. 나만의 학습 습관을 성공적으로 만드는 경험을 해보면 자신감이 생길 것입니다. 그리고 점차 습관의 종류와 활동이 발전하면서 큰 효과를 거둘 수 있습니다.

# | 플래너 작성하기 인증 사진 |

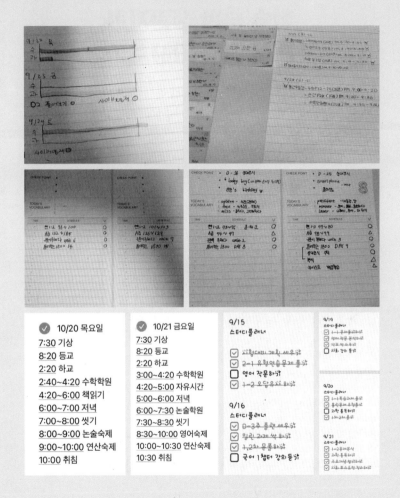

✅ **10/20 목요일**
7:30 기상
8:20 등교
2:20 하교
2:40~4:20 수학학원
4:20~6:00 책읽기
6:00~7:00 저녁
7:00~8:00 씻기
8:00~9:00 논술숙제
9:00~10:00 연산숙제
10:00 취침

✅ **10/21 금요일**
7:30 기상
8:20 등교
2:20 하교
3:00~4:20 수학학원
4:20~5:00 자유시간
5:00~6:00 저녁
6:00~7:30 논술학원
7:30~8:30 씻기
8:30~10:00 영어숙제
10:00~10:30 연산숙제
10:30 취침

# 학습 습관 챌린지의
# 핵심 전략 파헤치기

습관 챌린지는 온라인으로 진행되었습니다. 챌린지에 참여한 학생들은 매일 습관을 실천하고 사진을 찍어 온라인에 공유했습니다. 그리고 학생들이 인증한 결과는 1주일에 한 번 전체 참가자에게 공지되었습니다.

습관을 만들기 어려운 이유는 이를 꾸준히 실천하는 데 많은 의지가 필요하기 때문입니다. 8주간 하나의 습관을 꾸준히 실천하는 것은 그 누구에게도 쉽지 않은 일입니다. 그렇다면 습

# | 문제집 풀기 인증 사진 |

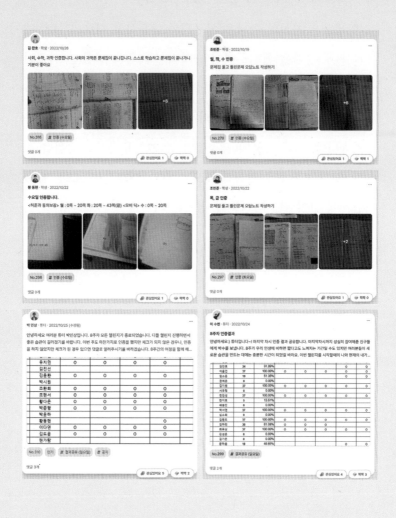

관 챌린지는 학생들이 습관을 지속하는 데 도움이 되었을까요? 습관 챌린지의 가장 큰 특징은 '매일 습관 인증하기', '누적 숫자 기록하기', '친구들과 함께 하기'입니다.

학생들은 자신의 습관을 친구들과 공유하고 서로의 실천 내용과 진행 상황을 확인하면서 긍정적인 자극을 받았고, 이것이 끝까지 참여하는 데 도움이 되었다고 합니다. 또한 인증한 결과를 온라인에 공유하면서 자신의 성취를 칭찬받는 경험을 할 수 있었습니다. 이런 것들이 긍정적인 동기를 유지하고 습관을 지속할 수 있는 요소로 작용한 것으로 확인되었습니다. 그럼 습관 챌린지에 참여했던 학생들의 경험을 하나씩 살펴보면서 좀 더 구체적으로 알아보겠습니다.

전략1

## 습관 결과를 서로 공유하기

습관 챌린지에 참여한 학생들은 매일 습관을 실천하고 이를 인증하는 사진을 찍어 온라인에 올리고 친구들과 공유했습니다. 학생들은 이렇게 습관 실천의 결과를 공유한 것이 습관을 만드는 과정에서 큰 자극이 되었다고 합니다. 습관 결과를 공유하는 것 자체로 성취감을 느꼈고, 자신이 실천한 내용을 인증하고 공유할 때마다 기분이 좋아졌다는 것입니다.

그뿐 아닙니다. 습관을 실천하면서 그것을 친구들과 공유할 생각에 더 신이 나기도 했다고 합니다. 이는 모두 자신의 의지로 선택해 실천한 것이고, 열심히 했다는 노력의 증거이기 때문입니다. 이처럼 챌린지에 참여한 학생들은 자기가 실천한 것을 친구들과 공유한 덕분에 포기하지 않고 끈기와 의지를 가질 수 있었습니다.

☺ 내가 이만큼 했다는 걸 자랑하는 느낌이어서 기분이 좋았어요. 작지만 매일 해야 할 것을 실천하다 보니 성취감도 들었고, 그걸 친구들과 공유할 생각에 괜히 더 기분이 좋았던 것 같아요. 볼 때마다 좋아서 혼자 웃곤 했습니다.

☺ 다른 친구들은 계속 인증을 하는데 제가 인증을 안 한다면 저를 끈기 없는 사람으로 생각할 것 같았어요. 그래서 더 열심히 했던 것 같습니다.

학생들은 다른 친구들의 습관을 보면서 친구의 습관을 배우기도 하고 새로운 자극을 받기도 했습니다. 한 학생은 다른 친구들이 책을 읽고 소감을 남기는 습관을 보면서 자신도 한번 해보고 싶은 생각이 들었다고 합니다. 또 다른 학생은 매일 아침 기상 시간을 인증하는 친구의 노력에 자극을 받아 습관을 새롭게 추가했다고 합니다.

☺ 친구들이 올린 습관들을 보면서 '나도 저렇게 해봐야겠다'라고 생각했어요. 저는 책을 읽고 소감을 남기는 습관을 선택했는데, 같은 습관을 선택한 친구들이 몇 명 있었거든요. 그 친구들은 어떻게 소감을 작성하는지 살펴보면서 저도 그런 접근법으로 소감을 남겨봐야겠고 생각했죠.

☺ 제가 속한 조의 친구들 중에서 기상하기를 인증한 친구가 있었어요. 얼핏 보면 간단한 일처럼 보이지만 사실 쉽지 않잖아요. 그걸 매일 실천하는 친구가 대단하게 느껴지더라고요. 그래서 저도 그 습관을 추가해서 챌린지를 진행했습니다.

자신이 선택한 습관이 다른 친구들이 실천하는 습관보다 부족하다고 느끼는 경우도 있었습니다. 이런 경우 부족한 점을 보완하기 위해 더 노력했다고 합니다. 다른 친구들을 보면서 자극을 받아 더 열심히 할 수 있었던 것입니다.

☺ 다른 친구들에 비해서 제 습관이 조금 초라하게 느껴져서 왠지 부끄러울 때가 있었어요. 그런데 언제부턴가 인증을 빼먹거나 아예 인증을 하지 않는 친구들이 생겨나더라고요. 그래서 저는 더 열심히 인증했고 결국 챌린지를 성공적으로 마쳤죠. 멋있는 습관에 도전했던 친구들 중 챌린지를 마치지 못한 친구들도 있어요. 그걸 보며 무엇이 중요한지 깨닫는 시간이었습니다.

학생들은 친구들과의 경쟁심이 상당한 동기부여가 됐다는 이야기도 했습니다. 친구들이 인증하는 내용을 보면서 자신도 더 열심히 해야겠다는 생각이 들었다고 합니다. 다른 친구들이 성실하게 인증하니 자신도 인증해야 한다는 부담이 생겨 더욱 노력하게 되었다는 것입니다. 이들은 서로 건강한 자극을 주고받으며 자신의 습관을 개선하고 발전시켰습니다.

☺ 저보다 잘하는 친구들이 많다고 느꼈지만 주눅 들지 않으려
했어요. 4주 차 정도 되니까 점점 힘이 빠지고 꾀가 나더라고
요. 하지만 멈추지 말고 끝까지 실천해보자고 마음먹었죠. 친
구들은 다 하는데 저만 안 하기는 싫었거든요. 결과적으로 습
관 실천 내용을 인증하고 친구들과 공유한 것이 포기하지 않
고 끝까지 하도록 도움을 주었어요.

☺ 저는 공부한 시간만 올렸는데, 날마다 영어 독해를 한 장씩 풀
어서 올리는 친구들도 있었어요. 그게 자극이 돼서 저도 제가
공부한 내용을 찍어서 공유했습니다. 아무래도 친구들과 공유
해야 하니까, 문제를 조금 더 성심껏 풀게 된 면이 있어요.

습관 챌린지에 참여한 학생들은 매일 실천한 습관을 인증하
는 사진을 온라인에 올리고 친구들과 공유했습니다. 이렇게 습
관 결과를 공유하는 것 자체로 성취감을 느낄 수 있었습니다.
또한 다른 친구들의 습관을 보면서 배우고 더 열심히 실천하는
모습을 보였습니다. 이를 통해 습관 결과를 인증하는 활동이 습
관을 지속하도록 동기를 높이고 의지를 강화하는 데 효과적인
전략임을 확인할 수 있었습니다.

## 전략 2

# 누적 숫자 기록하기

습관 챌린지에서는 1주일에 한 번씩 학생들이 인증한 결과를 종합했습니다. 그리고 습관을 실천한 횟수를 누적해 전체 참가자에게 공지했습니다. 학생들은 본인들이 인증한 숫자가 쌓이는 것을 보면서 보람과 성취감을 느낄 수 있었죠. 그리고 이것이 챌린지에 끝까지 참여할 수 있었던 힘이라고 이야기합니다.

습관을 만들기 위해서는 일정한 행동을 반복해야 합니다. 이때 누적 숫자는 자신이 목표 달성을 위해 얼마나 꾸준히 실천했는지를 확인할 수 있는 효과적인 방법입니다. 학생들은 누적된 숫자를 보면서 자신이 얼마나 꾸준히 노력했는지, 목표에 얼마나 가까워졌는지를 파악할 수 있었습니다. 나아가 누적되는 숫자를 보면서 자신의 의지와 노력을 더욱 집중할 수 있었다고 말합니다.

☺ 누적 숫자를 확인하는 게 정말 놀라웠어요. 매일 엄청난 시간을 투자한 것도 아닌데 쌓이는 숫자에 뿌듯했고, 제가 완주할 수 있는 힘이 되었습니다.

☺ 이런 비유가 어울릴지 모르겠는데 통장에 돈이 쌓이면 행복하잖아요? 그런 것처럼 나의 레벨이 점점 올라가고 있다는 느낌이 들었어요. 누적되는 숫자가, 내가 점점 성장하고 있다는 표식 같아서 정말 기분이 좋았어요.

친구들의 숫자가 올라가는 것을 보면서 자극이 되고 일종의 경쟁심도 생겼다고 합니다. 덕분에 학생들은 챌린지에 더욱 열심히 참여했고 완주하려는 의지도 강해질 수 있었습니다. 이처럼 혼자 하는 것보다는 비교 대상이 있는 경쟁적인 상황이 더 도움이 되기도 합니다. 누적 숫자 확인은 다른 친구들보다 나은 결과를 얻기 위해 노력하게 만드는 중요한 동기부여 요소 중 하나였습니다.

☺ 숙제가 밀리지 않고, 매일 실천하고 있다는 것을 눈으로 확인하니까 확실히 보람이 느껴졌어요. 내 숫자가 늘어나는 만큼 친구들의 숫자가 늘어나는 걸 보며 경쟁심이 느껴지기도 했습니다.

☺ 실천한 습관을 인증하고 누적 숫자가 올라가는 걸 보니 끝까

지 해내고 싶더라고요. 눈으로 숫자를 확인하니까 더 욕심이 생겼다고 할까요. 특히 친구들의 숫자도 같이 올라가는 걸 보면서 나도 꼭 완주해야겠다는 생각이 들었죠.

☺ 누적되는 숫자를 확인했던 게 정말 큰 도움이 되었어요. 제가 얼마만큼 해냈는지를 수치로 확인할 수 있으니까요. 이만큼 실천해서 숫자가 올라가고 있구나 하는 것이 동기부여가 되었습니다. 이 정도까지 했으니 완주하지 못할 이유가 없다 싶었죠.

습관을 만드는 과정에서 누적 숫자 기록은 매우 중요합니다. 목표 달성을 위한 노력을 수치로 확인하면서 성취감과 보상을 느낄 수 있도록 하기 때문입니다. 학생들은 1주일마다 인증한 습관 결과를 종합해 누적되는 숫자를 확인하면서 목표를 꾸준히 실천했음을 확인했습니다. 또한 누적 숫자가 커질수록 자신이 목표에 가까워졌다는 느낌이 들어 그만큼 자신감도 높아졌다고 했습니다.

그리고 친구와의 경쟁심을 느끼며 자극이 되었다고 합니다. 누적 숫자를 통해 성취감과 보람을 느꼈고, 이러한 보상이 더 강력한 동기로 작용해 꾸준한 노력을 할 수 있었던 것입니다.

이것은 습관 챌린지의 핵심 요소 중 하나입니다. 이러한 성취감과 보상, 경쟁심은 동기부여를 강화할 뿐 아니라 꾸준히 노력하게 만드는 힘이 됩니다.

( 전략 3 )

## 친구들과 함께 하기

챌린지에 참여한 학생들은 자신의 습관 실천의 결과를 올려서 공유하는 데 그치지 않았습니다. 친구들의 인증글에 '좋아요'와 같은 반응을 하거나 댓글을 달면서 상호작용할 수 있었습니다. 일방통행이 아니라 챌린지를 함께 하면서 서로 의견을 주고받을 수 있다는 것이 큰 도움이 되었습니다.

습관 챌린지를 진행하면서 서로 조언해준다거나, 자신이 했던 습관 챌린지를 친구에게 추천해주기도 했습니다. 그리고 자신이 공유한 챌린지 내용에 대해 공감과 칭찬을 받으면서 더욱 노력하는 것으로 나타났습니다. 다른 사람들의 인증 내용을 보면서 새로운 습관에 대한 아이디어를 얻거나, 더 열심히 해야겠다는 자극을 받았다고 합니다. 이처럼 친구들과 함께 습관 형성

프로그램을 진행하는 것이 습관을 성공적으로 만드는 데 도움이 됨을 알 수 있습니다.

☺ 확실히 혼자 했을 때보다 친구들과 이야기하면서 하니까 좋았어요. 서로 습관을 추천해주는가 하면 아이디어도 나눠주었고요. 조언이나 피드백을 해주면서 서로에게 많은 도움이 되었어요.

☺ 혼자 하면 어차피 보는 사람도 없고 관심을 가져주는 사람도 없으니까 미루게 되는 면이 있잖아요. 그런데 챌린지는 내가 실천한 내용이 공개되고, 공개된 내용에 대해서 친구들이 공감해주니까 기대감도 생기고 왠지 신이 나더라고요.

☺ 친구가 칭찬해줬을 때 기분이 정말 좋았어요. 저랑 같은 습관을 선택한 친구가 있었는데요, 그 친구는 잘한 일 한 개만 적는데 저는 세 개나 적는다며 칭찬해주더라고요. 그때 괜히 뿌듯함이 느껴졌어요.

☺ 제가 노력한 걸 친구들에게 보여주고, 또 그걸 친구들이 알아

봐주고 인정해주니 좋았습니다. 친구들이 그 내용에 대해서 부러워하고 칭찬해주니까 왠지 더 열심히 하고 싶어졌어요.

친구들과 함께하는 습관 만들기 챌린지에서 학생들은 추천과 조언, 피드백, 공감, 칭찬 등을 통해 노력을 인정받을 수 있었습니다. 이는 지속적으로 동기를 유지하는 데 상당한 도움이 된 것으로 나타났습니다. 실제로 이들은 예전에 만나본 적이 없는 사이였지만, 챌린지에 같이 도전하는 동료가 되었습니다. 그리고 그 존재만으로도 서로에게 의지하며 함께 성장해나가는 사이가 되었던 것입니다.

# 성공적인 챌린지를 위한
# 아주 특별한 비결

습관 챌린지의 핵심적인 특징은 크게 세 가지로 정리할 수 있습니다. '매일 습관 인증하기', '누적 숫자 기록하기', '친구들과 함께 하기'가 그것입니다. 그러나 이것만으로는 끈기를 갖고 습관을 실천하는 데 충분하지 않습니다. 중요한 것은 선택한 습관을 꾸준히 실천하기 위한 자신만의 전략을 만들고 실행하는 것이죠. 즉 자신만의 전략이 필요합니다.

# 자율성을 갖고 직접 선택하고 책임감 갖기

　습관 챌린지의 성공 비결 중 하나는 자율적으로 목표를 설정하고 어떤 학습 습관을 어떻게 실천할 것인지 직접 결정했다는 점입니다. 학생들은 누가 시켜서가 아니라 스스로 선택하고 결정해 행동한 것이 가장 중요한 비결이었다고 말합니다.

☺　제가 스스로 선택한 거니까 끝을 봐야겠다고 생각했어요. 그래야 저한테 도움이 될 것 같았고 자신을 사랑할 수 있을 것 같았어요.

☺　누가 시켜서 참여한 게 아니에요. 부모님이 강요했다면 저는 챌린지에 참여하지 못했을 겁니다. 힘들 때도 있었지만 스스로 선택한 거니까 어떻게든 끝까지 해보자는 생각을 했습니다.

☺　플래너를 쓰고 실천하려 했는데 매번 실패하니 속상하더라고요. 그런데 이런 챌린지를 진행한다고 하니 도전해봐야겠다는 생각이 들었어요. 누가 시킨 게 아니라 제가 선택한 거잖아요.

자기가 선택하고서도 실천하지 않는다면 너무 책임감 없는 아이로 보일까 봐 매일 열심히 했습니다.

☺ 너무 피곤할 땐 포스트잇에 내가 잘한 일을 적는 게 귀찮았어요. 이미 알고 있는데 포스트잇에 꼭 적어야 하나 싶었고요. 하지만 '내가 선택한 습관이니까 힘을 내서 끝까지 해보자!'라는 생각으로 포기하지 않았습니다.

☺ 구체적인 학습 습관이 갖춰져 있지 않아서 항상 마음이 불안했어요. 챌린지에 참여하게 되면 좋은 학습 습관을 형성할 수 있을 거란 믿음과 자신감이 생길 수 있으리라는 기대를 했어요. 솔직히 8주동안 지속하는 일이 쉽지는 않았는데, 스스로 결정하고 선택한 일이니 끝까지 해내고 싶다는 생각이 컸습니다.

습관 챌린지를 성공적으로 끝낸 학생들은 자기가 직접 습관을 선택하고 계획을 세워 실천했다는 공통점이 있습니다. 스스로 선택했기에 책임감을 갖고 더 열심히 실천할 수 있었던 겁니다. 이처럼 본인만의 학습 습관을 만들고 싶다면 스스로 습관을 선택하는 것이 좋습니다. 자율적으로 선택하고 결정한 뒤 행동하면 그만큼 책임감의 무게도 더해집니다. 그렇기에 지속적으로 유지되고 습관으로 형성될 가능성도 높아지게 됩니다.


비결 2
## 좋아하는 일로 작게 시작하기


학생들은 작은 목표를 설정하고, 자신이 좋아하는 것부터 시작했기 때문에 습관 만들기가 조금 더 수월했다고 얘기합니다. 작은 목표는 습관 만들기 과정에서 중요한 역할을 합니다. 처음부터 큰 목표를 세우면 부담이 너무 커서 시작 자체를 하지 못할 수도 있습니다. 반면 작은 목표는 부담이 적어 도전하기 쉽습니다. 이처럼 작은 일에 도전해 실천하면서 일상적인 행동으로 습관화하는 것이 습관 만들기의 핵심 원리 중 하나입니다.

예를 들어 한 학생은 자신이 할 수 있는 한도 안에서 매일 암기 카드를 작성하겠다는 작은 목표를 설정하고 이를 실천할 시간과 장소를 정해서 계획을 세웠습니다. 그리고 이를 꾸준히 지속하면서 습관으로 만들었습니다. 이때 자신이 좋아하는 일을 선택한 것이 습관 챌린지 성공의 비결이었다고 이야기합니다.

☺ 일단 제가 할 수 있을 정도의 분량을 설정해놨기 때문에 큰 부담 없이 매일 할 수 있었어요. 그리고 실천할 시간과 장소를 정해둔 것도 도움이 됐어요.

☺ 하루에 책 20분 읽기를 선택했는데, 20분은 사실 최소 시간을 의미하는 거였어요. 매일 해도 부담 없는 시간을 정한 거죠. 그래서 실제로는 20분보다 훨씬 많은 시간을 읽은 날도 있었답니다.

**자신이 좋아하는 일을 선택하는 것도 습관 챌린지 성공의 중요한 비결 중 하나입니다.**

☺ 독서를 좋아하는데, 학년이 올라가면서 해야 할 일이 너무 많아졌어요. 그래서 이번 기회에 좋아하는 일을 다시 해보자 생각했죠. 제가 좋아하는 걸 선택했기 때문에 완주할 수 있었어요.

☺ 저는 운동을 좋아하지만 사실 시간을 따로 내서 하기가 쉽지 않았어요. 그런데 습관 챌린지를 하면서 제가 좋아하는 운동을 잠깐씩이라도 할 수 있어서 오히려 전 좋았어요.

습관 만들기에 성공하기 위해서는 작은 목표를 세우거나 자신이 좋아하는 일을 목표로 시작하는 것이 중요합니다. 목표가 작으면 부담이 없고, 또 좋아하는 일은 심리적 저항감 없이 쉽게 도전할 수 있기 때문입니다.

이렇게 시작하면 습관을 지속하는 게 훨씬 쉽습니다. 또한 성공을 경험함으로써 다른 목표에 도전할 수 있는 자신감을 갖는 게 훨씬 쉬워집니다.

## 비결 3

## 효율적으로 습관을 만드는 시간 관리하기

인터뷰에 참여한 학생들이 언급한 또 다른 챌린지 성공 비결은 습관을 실천하기 위한 효율적인 시간 관리였습니다. 시간 관리는 자기주도적으로 학습을 잘하는 학생들이 공통적으로 갖고 있는 특성이기도 합니다. 습관 챌린지를 완료한 학생들은 대체로 시간 관리를 잘한 학생들이었습니다. 이들은 시간을 정해놓고 매일 꾸준히 실천한 것이 챌린지 성공 비결 중 하나라고 말합니다.

☺ 습관을 실천할 시간을 정해놓고 무슨 일이 있어도 그 시간을 지켰어요. 이것이 챌린지를 완수할 수 있었던 비결입니다.

☺ 매일 밤 자기 전, 하루를 돌아보면서 잘한 일을 생각하고 포스트잇에 적었습니다. 아무리 피곤하고 힘들어도 같은 시간에 습관을 실천하려고 노력했죠.

☺ 시간을 정해놓고 코딩을 하기 하루 전에 무슨 코딩을 하면 좋을지 고민해서 결정했어요. 그리고 결정한 걸 다음 날 시행했습니다. 정해놓은 시간에 아이디어를 산출하려고 했고, 그걸 다음 날 시행했던 것이 챌린지를 성공적으로 마무리할 수 있게 해준 힘이에요.

☺ 습관을 실천할 시간을 정해놨던 게 중요한 역할을 했어요. 시간을 정해놓고 실천했더니 아무리 바쁜 일이 있어도 그 시간에는 습관을 실천하는 게 우선순위가 되더라고요.

우리가 익히 알고 있는 자투리 시간을 활용하는 것 또한 시간을 관리하는 대표적 전략 중 하나입니다. 자투리 시간을 활용한다는 것은 어떤 뜻일까요? 우리가 이미 일상적으로 행하는 행동에 새로운 습관 행동 하나를 추가해서 습관으로 만드는 것을 의미합니다.

예를 들어보겠습니다. 우리는 매일 학교에 갔다 집으로 돌아오는 행동을 대단한 의지력이나 에너지를 발휘하지 않고도 습관적으로 합니다. 여기에 새로운 습관 행동을 추가해서 '학교에서 집에 오면 바로 20분 책 읽기'와 같이 다른 행동을 추가해 루틴으로 만드는 전략입니다. 이렇게 기존의 습관에 새로운 습관을 추가하는 것 역시 습관 만들기와 실천을 위한 좋은 방법입니다.

☺ 학년이 올라가니 학원도 다녀야 하고 책 읽을 시간이 없다고 생각했어요. 그런데 곰곰이 생각해보니 시간이 없지 않더라고요. 학교에서 점심 먹고 쉬는 시간, 학원에서 다음 수업 기다리는 시간, 버스를 타고 집에 오는 시간 등 버려지는 시간이 많았어요. 그 자투리 시간을 활용해서 틈틈이 책을 읽었습니다.

☺ 시간이 날 때 바로 실천한 것이 제 전략이었습니다. 방과 후에, 식사 후에 바로 습관을 실천했습니다. 미루지 않고 규칙적으로 실천하다 보니 어느새 챌린지에 완주했더라고요.

습관을 만들기 위해서는 행동을 반복하는 것이 필요합니다. 시간을 잘 관리한다면 매일 같은 시간에 일관된 행동을 하기 쉽고, 이는 습관 형성에 도움이 됩니다. 매일 같은 시간에 같은 행동을 실천한다면, 그 행동을 습관으로 만들 가능성이 매우 높아집니다.

그뿐 아닙니다. 시간을 잘 관리하면 자신이 원하는 습관을 형성하기 위한 시간을 확보할 수도 있습니다. 불필요한 행동을 줄여 시간을 효율적으로 사용할 수 있기 때문입니다.

### (비결 4)
## 눈에 보이게 습관 결과 관리하기

챌린지를 성공적으로 마친 학생들은 대부분 습관 실천의 결과를 관리하는 본인만의 전략이 있었습니다. 그중 대표적인 것이 습관 실천 결과를 눈에 보이도록 관리한 것입니다.

☺ 매일 실천할 때마다, #1, #2 이런 식으로 번호를 적어놓았어요. 번호를 늘리고 싶다는 생각에 습관을 지속하게 되더라고요.

☺ 제가 습관 실천에 성공할 때마다 날짜에 동그라미를 쳤어요. 제가 열심히 한 것을 시각적으로 표현하려 했고, 그걸 보다 보니 힘들어도 계속해야겠다는 생각이 들었습니다.

☺ 제가 선택한 습관은 프라이드 월이었는데, 포스트잇에 잘한 일을 세 가지씩 적어서 제 방 창문에 붙였어요. 포스트잇으로 채워지는 창문을 보면서 이 챌린지가 끝난 후가 상상되더라고요. 정말 멋있을 것 같았죠. 귀찮을 때도 있었지만 창문에 붙인 포스트잇을 보며 끝까지 해낼 수 있었어요.

인터뷰에 참여한 학생들에 따르면 습관 실천의 결과가 쌓였고, 그것이 눈에 보이면서 최종 결과에 대한 기대를 할 수 있었던 것이 끝까지 해낼 수 있었던 힘이었다고 합니다. 누적된 결과를 시각적으로 확인하면서 포기하고 싶은 순간에 다시 회복할 수 있었던 것입니다.

## 비결 5

# 끝까지 포기하지 않기

물론 항상 좋기만 했던 것은 아닙니다. 학습 습관 챌린지에 참여하는 학생들도 그 과정에서 포기하고 싶은 마음이 들었던 순간이 있었습니다. 하지만 목표를 달성하겠다는 의지와 끈기 덕분에 성공적으로 챌린지를 마칠 수 있었다고 합니다.

학생들은 스스로가 성취하고 싶은 것을 선택했기 때문에, 그것을 이루기 위해 끊임없이 노력하고 끝까지 포기하지 않았습니다. 학생들은 끝까지 한번 해보자는 마음가짐을 가지려 노력했다고 말합니다. 중요한 것은 이 과정을 겪으며 학생들 스스로가 성장하는 것을 느꼈으며, 성취감으로 자신감과 자존감이 높아졌다는 점입니다.

☺ 책을 읽고 특정 시간에 소감 적기를 선택했는데요, 잘하다가 가끔씩 빠뜨린 적이 있어요. 따로 시간을 내자니 그만두고 싶은 마음이 들더라고요. 하지만 사실 시간이 많이 필요한 일은 아니었어요. 일단 시작했으니까 완주하자는 생각으로 이겨냈습니다.

☺ 특별히 힘들어서라기보다는 그냥 하기 싫은 날이 있어요. 아무 이유 없이. 그런 순간에는 스스로를 다독였습니다. 여기까지 왔는데, 포기하긴 아깝다는 생각이 들었죠.

☺ 학교랑 학원 숙제도 많은데 챌린지까지 해야 하니 가끔은 버거웠어요. 그럴 때면 일단 매일 실천하자는 처음의 마음가짐을 되새겼습니다. 이 순간을 이겨내고 끝까지 마무리하면 저 스스로 성장할 수 있다는 믿음이 있었던 것 같아요.

☺ 다른 친구들도 힘든 건 마찬가지일 거라 생각했어요. 저 혼자 포기하는 건 너무 나약하고 이기적이라는 생각이 들어서 포기하지 않고 열심히 했습니다.

한 번의 실패도 없이 습관이 만들어지진 않습니다. 습관은 노력하고 실패하고 다시 시작하는 과정을 반복하며 만들어집니다. 챌린지를 성공적으로 마친 학생들도 모두 이런 과정을 거쳤습니다.

학생들은 힘들어도 목표를 향해 꾸준히 노력했고, 원하는 것을 이루는 경험 자체가 큰 자산이 되었다고 합니다. 무엇보다 중요한 것은 포기하지 않고 끝내 해냈다는 성취감을 통해 새로운 목표에 도전할 수 있는 힘을 얻었다는 점입니다. 나아가 챌린지에 참여한 학생들은 이러한 도전이 더 성장하고 발전할 수 있는 계기가 되었다고 말합니다.

# 위기가 오면
# 어떻게 극복할 수 있을까

학습 습관 챌린지에 성공한 학생들이라고 해서 8주간 매일 습관을 실천하는 것이 쉬웠던 건 아닙니다. 많은 학생이 중간에 그만두고 싶다는 생각을 했다고 밝혔습니다. 실제로 포기한 학생들도 많았습니다. 학생들이 가장 힘들어한 순간은 숙제가 많거나 예기치 못한 일이 생겼을 때입니다. 이 외에 언제, 어디서 습관을 실천해야 할지 정하지 않아서 힘들었다고 말한 학생들도 있었습니다.

# 학습 습관 챌린지를
# 포기하고 싶었던 순간들

학생들은 습관 챌린지를 실천하다 어려운 순간, 포기하고 싶은 순간에 맞닥뜨리곤 했습니다. 학생들은 어떤 어려움을 겪었을까요?

😞 매일 습관을 실천하기 어렵더라고요. 학교나 학원 숙제가 많은 날도 있고, 가족여행을 가야 할 때도 있잖아요. 그럴 땐 왠지 버겁다는 생각이 들어서 많이 힘들었어요. 또 부모님이 제대로 하라고 다그치실 때도 살짝 포기하고 싶었습니다.

😞 시를 따라 쓰는 습관 챌린지를 했는데, 일이 생겨 한두 번 빼먹은 후로는 실천이 잘 안 되었던 것 같아요.

😞 언제, 어디서 습관을 실천할지 정해놓지 않아서 힘들었어요. 이것저것 해야 할 일이 많으니까 다른 일을 먼저 하면서 그 결정을 미루게 되더라고요. 몇 번 미루다 보니 포기하고 싶다는 생각이 자주 들었어요.

너무 어렵거나 재미없는 습관을 선택해서 포기하고 싶은 마음이 든 학생들도 있었습니다. 앞서 말했던 성공 비결인 작은 목표나 좋아하는 일을 습관으로 선택한 것과 반대의 경우라고 할 수 있습니다.

☹ 코딩을 하는데 계속 새로운 걸 만들어야 한다는 게 부담되고 힘들었어요. 무엇을 해야 할지 아이디어가 잘 떠오르지 않더라고요.

☹ 재미있어 보이는 책을 선택했는데 생각보다 어렵고 두껍기까지 해서 끝까지 읽기 너무 힘들었어요.

## 가족들의 응원과
## 지지가 주는 놀라움

이처럼 어려운 상황을 맞았지만 포기하지 않은 학생들이 많았습니다. 이들은 어떻게 극복했을까요? 학생들이 챌린지를 마칠 수 있게 해준 힘은 과연 무엇이었을까요?

습관을 실천하는 도중에 어려움이 생겼을 때는 적극적으로 대처하고, 습관을 중단하지 않도록 노력해야 합니다. 습관을 실천하다가 지치고 하기 힘든 순간이 왔을 때 필요한 것은 바로 탄력성resilience입니다. 탄력성은 어떤 것이 변화하거나 충격을 받았을 때 원래의 상태로 되돌아가는 능력을 말합니다. 회복 탄력성이 높을수록 지쳐도 빠르게 기운을 내고, 넘어져도 툴툴 털고 일어나 금세 자기 자리를 찾게 됩니다.

매일 아침 30분씩 운동할 계획이었는데, 중간에 일이 발생해 운동하지 못하는 날이 생길 수 있습니다. 이때 탄력성이 높으면 다음 날 다시 운동을 시작할 수 있습니다. 하지만 탄력성이 낮은 경우에는 습관을 다시 찾아가기가 어렵습니다. 포기하지 않고 끝까지 해낸 학생들은 대체로 회복 탄력성이 매우 높았습니다. 스스로 힘겨움을 이겨내고 거기서 벗어날 방법을 찾았던 것이죠.

학생들 중 상당수는 지금까지 해온 것들을 돌아보면서 습관을 계속해나가지 않으면 그동안 노력한 것이 물거품이 된다는 생각에 다시 일어났습니다. 또한 어려운 상황에서도 방법을 찾기 위해 우선순위를 매기고 차근차근 해결해나가기도 했습니다. 그뿐 아닙니다. 에너지를 충전하는 시간을 갖는 것이 중요하다는 것을 깨닫고, 에너지가 충전되면 다시 시작하는 모습을 보인 학생도 있었습니다.

☺ 정말 힘들고 하기 싫을 때는 지금까지 해왔던 것들, 인증했던 것들을 다시 봤어요. 여태 쌓아왔던 것들을 다시 살펴보면서 오늘 하지 않으면 그동안의 노력이 헛된 것이 된다는 생각으로 다시 일어설 수 있었습니다.

☺ 시험 기간이라 할 일은 많은데 시간이 부족했어요. 그런데 습관을 실천하지 않은 다음 날은 왠지 기분이 좋지 않더라고요. 포기하기엔 그동안 해온 것들이 너무 아까웠어요. 결국 저 자신을 위해서 하는 일이잖아요. 그래서 제가 해야 할 일을 모두 적어서 우선순위를 매겼어요. 그리고 우선순위대로 하나씩 해결하면서 습관을 실천할 방안을 마련했습니다.

☺ 너무 힘들 땐 그냥 잠시 쉬었어요. 스스로 에너지를 충전하는 시간을 갖는 게 중요하다고 생각했거든요. 그리고 에너지가 충전되었다고 느껴지면 다시 시작했습니다.

습관 챌린지를 성공적으로 마친 학생들이 공통적으로 한 말이 있습니다. 포기하고 싶은 순간에 가장 힘이 되었던 건 가족의 응원과 지지였다는 것입니다.

부모님은 학생들이 실천하는 습관을 지속할 수 있도록 도와주었고, 학생들의 습관 실천을 지켜보며 응원해주었습니다. 힘들고 어려울 때 공감해주고, 보람을 느낄 때 같이 기뻐해주는 가족들의 지지를 통해 학생들은 포기하지 않고 끝마칠 수 있었다고 합니다.

☺ 수학 문제집을 매일 푸는 게 쉽지 않았어요. 2주 정도 됐을 무렵, 더 못할 것 같다고 부모님께 말씀드렸죠. 부모님께선 저를 다그치는 대신 힘들면 쉬라고 말씀해주셨어요. 그 말에 왠지 힘이 났습니다. '포기해도 괜찮다면서 나를 믿고 응원해주는 가족이 있구나' 싶었죠. 내가 힘든 걸 공감해주고 나를 지원해주는 사람이 있다는 사실이 저를 이끌어준 것 같아요.

☺ 습관을 실천하는 게 쉽지 않았어요. 가끔 습관 실천을 잊기도 하고 귀찮아질 때도 있었고요. 그런 순간마다 부모님께서 많이 도와주셨어요. 무얼 해야 하는지 물어봐주시고, 잘하고 있다는 응원도 해주셨죠. 부모님 지원 덕분에 마무리할 수 있었습니다.

☺ 영어 단어 외우는 습관을 선택했는데 그 과정이 외로웠어요. 습

관을 공유한다고 해서 같이 외우는 것도 아니고, 이걸 왜 하고 있나 싶더라고요. 그런데 엄마가 알아준다는 느낌을 받았습니다. 영어 단어를 외우고 나면, 제가 외운 단어를 엄마가 불러주고 엄마가 불러준 단어 중에서 제가 제대로 외우지 못한 것들은 세 번씩 다시 써보곤 했어요. 덕분에 어려움을 잘 극복했죠.

☺ 플래너에 해야 할 일이 많이 적힌 날에는 실천하기가 쉽지 않았어요. 그래도 제가 할 일을 미리 점검해볼 수 있고, 그 일들을 해냈다는 데서 힘이 나기도 했죠. 특히 엄마에게 칭찬을 받으면 기분이 좋아지고 뿌듯함이 느껴지기도 했습니다.

☺ 습관을 실천하며 힘든 순간에 누적된 숫자를 보면서 보람을 느꼈어요. 그 숫자를 보면서 부모님도 함께 즐거워하시니까 뿌듯하고 보람이 느껴졌습니다.

☺ 정말 힘들어서 다 포기하고 싶은 순간들이 있었어요. 그런데 가족들이 응원해줘서 끝까지 잘 마칠 수 있었습니다.

# 성공을 좌우하는
# 가족들의 공감

부모님과 가족의 응원은 학생들이 습관 챌린지를 성공적으로 마무리하는 데 큰 힘이 되어주었지만 반대의 경우도 있었습니다. 부모님이 재촉하거나 힘겨운 상황에 공감해주지 못하면 습관 실천을 포기하고 싶은 생각이 들었다고 이야기하는 학생들도 있었습니다.

☹ 습관 실천이라는 게 제가 해야 할 일이 하나 더 늘어나는 거잖아요. 할 일이 많은데 습관까지 실천해야 하니까 부담도 되고 쉽지 않았어요. 그런데 부모님께서 습관을 실천하라고 다그치실 때는 너무 속상해서 그만두고 싶었습니다.

☹ 저는 역사 쪽 지식이 부족하다는 부모님 말씀 때문에 그 부분을 보완하려고 습관 챌린지에 도전했어요. 매일 역사 문제집을 푸는 일이 쉽지 않았습니다. 특히 부모님이 그런 저를 답답해하며 싸늘하게 말씀하실 때는 정말 포기하고 싶더라고요.

☹ 피곤해서 책을 읽기 싫을 수도 있고, 가족여행을 간다거나 할 때는 책을 읽기 어려운 상황인 거잖아요. 그럴 때도 부모님은 자꾸 책을 읽으라고 다그치셨어요. 너무 서운했습니다.

 학생들은 습관 챌린지에 성공하기 위해 많은 어려움을 극복해야 했습니다. 이를 극복하기 위해 저마다의 방법으로 지속적인 노력을 하고 에너지를 충전했습니다. 그럴 때 가장 큰 힘이 된 것은 역시 부모님과 가족들의 응원과 지지였습니다. 부모님은 학생들이 실천하는 습관을 지속할 수 있도록 도와주었고, 그 과정을 지켜보며 응원해주었습니다.

 습관을 만들고 지속해서 실천하는 일은 결코 쉽지 않으며, 습관을 만드는 과정에서 누구나 어려움을 경험할 수 있습니다. 그래서 그러한 순간을 극복하고 다시 습관을 실천할 수 있는 자신만의 방법을 찾아야 합니다. 또한 가족이나 주변인들의 응원과 지지를 구하는 것이 위기를 극복하는 좋은 전략이 될 수 있습니다.

# 학습 습관 챌린지가 끝나고
# 무엇이 달라졌을까

 

8주간의 학습 습관 챌린지는 아이들을 어떻게 변화시켰을까요? 챌린지가 끝난 후, 챌린지에 참여한 학생과 참여하지 않은 학생 사이에 나타난 변화에는 어떤 차이가 있는지 살펴보았습니다.

결론부터 얘기하면 챌린지에 참여한 학생들은 참여하지 않은 학생들보다 그릿, 자기통제력, 자신감이 향상된 것으로 나타났습니다. 챌린지에 참여한 학생들에게서 향상된 것으로 나타난 이 세 가지 요소에 대해 더 구체적으로 살펴보겠습니다.

## 공부의 끈기를
## 길러주는 그릿

미국의 심리학자 앤젤라 더크워스Angela Duckworth는 성공한 사람들에겐 특별한 공통점이 있다고 이야기합니다. 그녀의 논리를 요약해 말하자면, 분야를 막론하고 성공한 사람들은 장기적인 목표를 달성하고자 하는 끈기와 열정이 높다는 것입니다. 장기적인 목표를 달성하기 위한 끈기와 열정을 '그릿Grit'이라고 부릅니다.

실제로 다양한 곳에서 진행된 많은 연구들이 높은 성취 수준을 달성하는 데 그릿이 주요한 역할을 한다는 사실을 뒷받침해주고 있습니다. 우수한 학업성취를 이루고, 뛰어난 업무성과를 보이며, 전문적인 분야에서 성공을 이루기 위해 그릿이 요구된다는 것[2]입니다.

8주간의 학습 습관 챌린지에 참여한 학생들의 '그릿'은 어떻게 변했을까요? 옆 페이지의 그래프를 살펴보면서 그 변화를 알아보도록 하겠습니다.

우선 챌린지에 참여하기 전 세 집단으로 구분된 학생들의 그릿이 눈에 띕니다. 챌린지에 끝까지 참여한 학생들이 그렇지

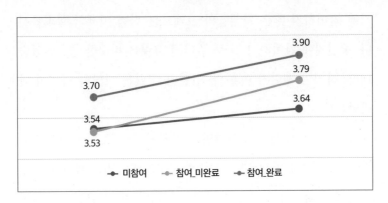

않은 학생들에 비해 상대적으로 초기 그릿이 높은 것을 확인할 수 있습니다.

이 집단에 속한 학생들은 챌린지가 끝난 후에도 그릿이 유의미하게 상승한 것으로 나타났습니다. 다시 말해 목표에 대한 끈기와 열정이 높은 학생들은 꾸준히 습관을 실천합니다. 또한 꾸준히 습관을 실천하는 과정에서 그릿이 향상되는 경험을 한 것입니다.

그렇다면 '그릿이 원래 높은 학생들만 성공하는 것 아닌가요?'라는 질문을 할 수도 있습니다. 결론부터 이야기하자면 그렇지 않습니다.

챌린지에 참여했지만 끝까지 함께 하지 못한 학생들과 챌린지에 참여하지 않은 학생들의 그래프를 한번 자세히 살펴봅시다. 챌린지에 참여하기 전 두 집단의 그릿은 비슷한 수준이었습니다. 하지만 챌린지 이후 두 집단의 그릿은 상당히 다르게 나타났습니다.

끝까지 함께 하진 못했지만 챌린지에 스스로 참여하고 습관 만들기를 위해 어느 정도 노력한 학생들의 경우 챌린지 이후 그릿이 유의미하게 상승한 것이 보입니다. 반면 챌린지에 참여하지 않은 학생들의 그릿에는 어떠한 변화도 없는 것을 확인할 수 있습니다.

이러한 연구 결과에서 주목할 만한 것이 있습니다. 초기에 그릿이 낮았던 학생들 중에서 챌린지에 참여하며 습관 형성을 위해 노력한 학생들이 아무것도 하지 않은 학생들보다 목표 달성을 위한 끈기와 열정이 높아졌다는 점입니다. 그들은 이번 챌린지를 완주하진 못했지만, 습관 형성에 도전해봄으로써 미래의 성공에는 조금 더 가까워진 셈입니다.

# 유혹을 물리치는
# 자기통제력

'자기통제력self-control'은 그릿과 함께 학생들이 공부를 잘하기 위해 필요한 중요한 특성 중 하나입니다. 사람들은 '나는 자제력이 필요해', '나는 자제력이 부족해서 큰일이야'와 같은 말을 종종 합니다. 흔히 표현하는 자제력은 다른 말로 '자기통제력'이라고 할 수 있습니다. 그럼 학습 습관 챌린지와 자기통제력은 어떤 관계가 있을까요? 그 내용을 자세히 알아보도록 합시다.

## 자기통제력이 높을수록 성취도 역시 높아진다

당장 게임이 너무 하고 싶지만, 그 충동을 자제하고 오늘 해야 할 공부를 먼저 끝내는 것이 자기통제력입니다. 학생들은 일상에서 게임과 유튜브 시청의 유혹에 상당히 많이 노출되어 있습니다. 그런 한편으로 학생들 스스로가 '어떻게 하면 스마트폰 사용을 줄이고 공부에 집중할 수 있을까?'를 고민하는 것 또한 현실입니다. 학생들 스스로 자신들이 유혹에 노출되어 있다는 것, 그래서 자기통제력이 필요하다는 것을 잘 인식하고 있다는 뜻입니다.

자기통제력은 정확히 무엇을 말하는 것일까요? 자기통제력은 장기적인 목표를 달성하기 위해 자신의 행동에 영향을 주는 요인들을 조절해 행동을 관리하는 것입니다. 즉 충동, 감정의 변화, 바람직하지 않은 행동 등을 중단시키거나 자제하는 능력[3]입니다.

공부에 집중하기 위해 스스로 게임 시간을 제한하거나 유튜브 시청 시간을 제한하는 것, 또는 자신의 기분이나 스트레스를 조절하기 위한 노력 등이 자기통제에 해당합니다.

자기통제가 잘 되지 않으면 주변 환경이나 자극에 쉽게 영향을 받고, 현재의 즐거움과 만족을 더 중요하게 여기게 됩니다. 공부나 숙제를 해야 하는 상황에서 순간의 유혹을 참지 못하고 게임을 하거나, 유튜브를 보는 것입니다. 이처럼 자기통제가 잘 안 되면 성실하게 지속해서 공부할 수 있는 능력이 부족해지고, 실패를 경험할 확률이 높아집니다.

우리가 잘 알고 있는 '마시멜로 실험'이 바로 개인의 자기통제와 관련된 대표적인 연구라 할 수 있습니다. 실험에 참가한 아이들은 바로 마시멜로를 먹을 수도 있습니다. 하지만 일정 시간을 참고 기다리면 아이들에게는 더 많은 마시멜로를 얻을 수 있는 기회가 주어집니다. 이 실험에서 핵심은 자기통제, 즉 더 큰 보상을 위해 눈앞의 욕구를 자제하는 것입니다.

눈앞의 마시멜로를 바로 먹어버린 아이들과 일정 시간 참고 기다려 더 많은 마시멜로를 얻은 아이들은 커서 어떠한 차이를 보였을까요? 예측하셨겠지만, 자기통제력을 발휘해 더 많은 마시멜로를 얻은 아이들이 마시멜로를 바로 먹어버린 아이들보다 성인이 되었을 때 더 높은 성취와 성공을 이루는 경향이 있는 것으로 나타났습니다.[4] 이러한 연구 결과는 지연된 만족감과 자기통제력이 미래의 성취 또는 성공과 밀접한 관련이 있음을 시사해줍니다.

## 자기통제력은 연습을 통해 기를 수 있다

자기통제력은 연습을 통해 의식적으로 노력해야 기를 수 있습니다. 목표를 명확히 설정하고, 목표를 달성하기 위해 무엇을 해야 하는지 할 일 목록을 작성하며, 일관성 있게 행동하는 것이 중요합니다. 그리고 자기통제력을 약화시키는 요인들을 관리해주는 것도 필요합니다. 스트레스를 효과적으로 관리해주고, 자신의 목표와 목표 달성 과정을 타인과 공유하는 것 등은 자기통제력을 향상시키는 데 도움을 줍니다.

챌린지에 참여한 학생들은 자신만의 학습 습관을 만들겠다

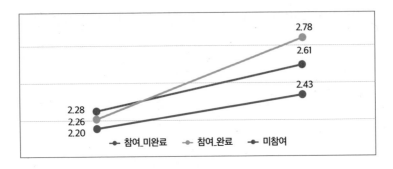

| 자기통제력 |

2.78
2.61
2.43
2.28
2.26
2.20

─●─ 참여_미완료   ─●─ 참여_완료   ─●─ 미참여

는 목표를 갖고 있습니다. 그리고 그 목표를 달성하기 위해 일관성 있게 습관을 실천했습니다. 그 과정을 친구들과 공유하며 자기통제력을 감소시키는 요인을 효과적으로 관리했습니다. 이러한 챌린지 과정을 거친 학생들의 자기통제력은 어떻게 변화했을까요?

위의 그래프를 살펴봅시다. 세 그룹의 학생들이 비슷한 수준의 자기통제력을 보이는 걸 알 수 있습니다. 하지만 챌린지가 끝난 후의 결과는 어땠을까요? 챌린지를 끝까지 완료한 학생 그룹의 자기통제력이 증가한 것을 확인할 수 있습니다. 나머지 두 그룹의 학생들에게도 작은 변화가 있었지만 이는 실제로 의미 있는 변화는 아니었습니다.

이러한 연구 결과는 결국 습관을 지속한다는 것이 외부의 유혹과 끊임없이 싸우며 스스로를 통제해야 한다는 것을 의미합니다. 혼자서 습관을 지속하려면 매우 큰 의지가 필요합니다. 반면 습관을 만들기 위한 효과적인 전략인 자율성, 작은 습관, 시간 관리 등을 적절히 활용한다면 학습 습관을 만들 가능성이 높아집니다. 나아가 자기통제력도 향상될 수 있습니다.

## 공부 자신감을 만드는 자기효능감

자신감 또는 자기효능감self-efficacy이란 무엇일까요? 이는 목표 달성에 필요한 자신의 능력을 스스로 믿는 것을 의미합니다.[5] 자기효능감은 우리가 어떤 행동을 선택하고 도전하게 만드는 중요한 동기로 작용하고, 결과적으로 성취에 주요한 영향을 미칩니다.

예를 들어보겠습니다. 학생들이 어떤 과제를 잘 해낼 수 있다고 스스로 생각할 때와 그렇지 않을 때를 비교해봅시다. 과제를 잘 해낼 수 있다고 믿는 학생은 과제 수행에 도전하고 노력

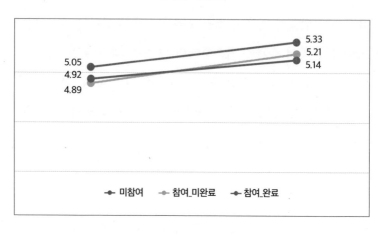

| 자기효능감 |

5.33
5.21
5.14

5.05
4.92
4.89

◆ 미참여    ◆ 참여_미완료    ◆ 참여_완료

을 기울여 과제를 끝낼 수 있게 됩니다. 반면 잘해낼 수 없을 거라고 생각한 학생은 점점 자신감을 잃게 되고 그 일이 두렵고 하기 싫어집니다. 하기 싫고 겁나는 일을 잘 완수해내기는 어렵습니다.

또한 자기효능감은 스스로의 노력으로 자신에게 바람직한 변화를 가져올 수 있다고 생각하게 합니다. 지금과는 달라질 수 있다는 믿음, 더 나아질 거라는 자신감은 변화를 위해 노력하게 만드는 동인이 됩니다.

학습 습관 챌린지에 참여한 학생들은 그릿, 자기통제력 외에도 자기효능감, 즉 자신감이 높아진 것으로 나타났습니다. 옆 페이지의 그래프를 살펴보면 학생들의 챌린지 참여 전과 후 자기효능감 점수의 변화를 알 수 있죠. 챌린지에 참여한 학생들의 자기효능감은 완주 여부와는 관계없이 유의미하게 상승한 것으로 나타났습니다. 반면 챌린지에 참여하지 않은 학생들의 자기효능감은 변화가 없는 것으로 나타났습니다.

자기효능감은 과거의 수행 결과, 즉 성공 및 실패의 경험을 바탕으로 생성됩니다. 챌린지에 참여한 학생들은 스스로 선택한 습관을 한 주 또 한 주 성공적으로 실천하면서 자신의 능력에 대한 믿음을 강화해왔습니다. 학생들은 이러한 성공을 반복해 경험하면서 성공하는 자신을 믿게 되었고 더 큰 도전을 할 수 있는 용기를 갖게 된 것입니다.

### 그릿, 자기통제력, 자기효능감, 노력하면 만들 수 있다

그릿, 자기통제력, 자기효능감은 공부할 때뿐만 아니라 인생을 성공적으로 살아가는 데 꼭 필요한 능력입니다. 아마도 살면서 '나는 끈기가 없어', '나는 자제력이 좀 더 필요해', '자신감을 키워야 해' 이런 생각을 안 해본 사람은 거의 없을 겁니다. 다행히도 이 요인들은 타고나는 것이 아니라 연습을 통해 발달시킬 수 있습니다. 또한 일생에 걸쳐 변화하는 특징을 갖고 있습니다. 즉 노력하면 우리 누구나 끈기와 자제력, 자신감을 가질 수 있다는 뜻입니다.

이는 학습 습관 챌린지를 통해서도 확인할 수 있었습니다. 챌린지를 마친 후 학생들의 그릿, 자기통제력, 자기효능감이 유의미하게 향상된 것이 확인되었습니다. 특히 이러한 변화는 챌린지에 참여한 학생들에게서만 나타났습니다. 이 중에서도 자기통제력은 챌린지에 끝까지 참여한 학생들에게서만 증가했습니다.

챌린지에 참여한 학생들은 스스로 선택한 습관을 자기 것으로 만들기 위해 8주간 매일 습관을 실천하는 끈기를 보였습니다. 또한 습관 만들기라는 목표를 달성하기 위해 여러 자제력을 발휘했습니다. 덕분에 하루하루 성공의 기쁨을 누리며 자신감을 갖게 되었습니다.

결과적으로 학생들은 챌린지에 참여하며 그릿, 자기통제력, 자기효능감이 노력을 통해 계발될 수 있음을 스스로 증명했습니다. 다시 말해 학생들은 자신이 원하는 학습 습관을 형성했을 뿐만 아니라, 습관을 형성하고자 노력하는 과정에서 인생을 성공으로 인도해줄 특성들도 함께 향상시킬 수 있었던 겁니다.

학습 습관 챌린지가 끝나고 두 달 후, 인터뷰에 참여한 대부분의 학생은 습관을 지속적으로 실천하고 있다고 말했습니다. 챌린지에 참여했던 친구들끼리 모여 습관 실천 모임을 만들어서 자발적으로 운영하기도 했습니다. 혹은 친구들이 아니라 가족들에게 습관을 인증하면서 습관을 지속하려고 노력하는 모습도 확인할 수 있었습니다.

## 나쁜 습관을
## 바꿀 수 있었어요

습관 챌린지에 참여한 학생들은 여기서 무엇을 배우고 느꼈을까요? 물론 이들은 좋은 학습 습관을 갖고 싶어 했습니다. 하지만 안 좋은 습관을 버리고 싶어서 참여한 학생도 못지않게 많았습니다.

습관 전문가들은 좋은 습관을 만드는 것보다 오랫동안 몸에 밴 나쁜 습관을 버리는 일이 더 어렵고 더 중요하다고 말합니다. 습관 챌린지에 참여한 학생들은 매일 꾸준한 실천으로 나쁜 습관을 버리게 되었고, 자신의 시간을 더 알차게 사용할 수 있게 되었다고 합니다.

☺ 안 좋은 습관이 사라졌어요. 저는 책 읽는 데 시간이 오래 걸리는 편이었는데, 챌린지에 참여하면서 책 읽는 속도가 빨라졌어요. 아무래도 글에 대한 이해력과 집중력이 좋아진 거 같아요. 예전에는 같은 내용도 몇 번 반복해서 봐야 했죠. 그런데 책을 잘 읽을 수 있다는 생각이 드니까 책을 펴기도 전에 자신감이 생기더라고요.

☺ '티끌 모아 태산'이라는 속담을 몸소 체험한 것 같습니다. 분명히 힘든 적도 있었지만 매일 꾸준히 했어요. 하루하루의 성공이 쌓여 쉽게 포기하던 나쁜 습관을 버릴 수 있게 되었어요.

☺ 챌린지에 참여한 이후 제가 보내는 하루에 대해 많은 생각을 하게 됐어요. 무의미하게 허투루 보낸 시간이 왠지 아깝게 느껴지더라고요. 그래서 하루를 좀 더 알차게 보내려고 노력하고 있습니다.

이렇게 학생들은 습관 챌린지를 통해 좋은 습관을 얻는 것뿐만 아니라 나쁜 습관을 버릴 수도 있게 되었습니다. 다시 말해 '습관을 바꿀 수 있는 힘'을 얻게 된 것입니다.

# 더 큰 도전을 할 수 있는
# 성취감을 느꼈어요

습관 챌린지는 습관 형성을 넘어 학생들이 자신감을 키우는 데도 도움을 주었습니다. 자신감은 경험을 통해 형성되는데, 특히 성공 경험을 통해 자신감이 향상될 수 있습니다. 습관 챌린지에 성공하면서 학생들은 '나도 해낼 수 있다'는 성취감을 느꼈고, 이러한 성취감이 자신감을 높이는 원동력이 되었습니다.

☺ 내가 어렵다고 느끼거나 하기 싫다고 느껴졌던 일들을 하루하루 해내면서 굉장한 성취감과 보람을 느낄 수 있었어요. 그렇게 매일 습관을 실천하다 보니, 나중에 어려운 일이 닥쳐도 충분히 해낼 수 있다는 자신감이 생겼죠.

☺ 처음에는 챌린지 참여를 조금 쉽게 생각했어요. 그런데 하루하루 지날수록 꾸준히 반복해서 실천하는 게 결코 쉽지 않다는 걸 깨달았습니다. 하지만 중요한 건 포기하지 않는 거라고 생각했어요. 저는 결국 해냈고, 끝까지 해냈다는 사실이 저에 대한 믿음으로 자리했습니다.

☺ 저는 평소에 의지가 약해 포기하는 것들이 많은 편이라고 느꼈어요. 그런데 챌린지를 완주했잖아요. 덕분에 제가 의외로 끈기 있는 사람이라는 걸 새롭게 발견했죠.

☺ 혼자 플래너를 작성하고 실천하려고 도전했을 땐 매번 실패했었어요. 나는 꾸준히 실천하지 못하는 사람이구나 싶었죠. 그런데 챌린지를 성공적으로 마친 저를 마주하고는 '나도 꽤 멋진 사람이네'라는 생각이 들었어요. 저를 더 사랑하게 되었습니다.

☺ 끝까지 참여하지 못한 친구들도 있는데 저는 목표를 달성한 거잖아요? 누구나 할 수 있는 일이 아닌데 제가 목표를 달성했다는 사실이 굉장히 자랑스러웠어요. 앞으로 어떤 목표를 설정해도 해낼 수 있을 거라는 자신감이 생겼습니다.

☺ 8주를 마무리하고 나서 저도 습관을 실천할 수 있는 사람이라는 점에 자부심이 들었어요. 제가 챌린지를 완수했다는 게 자랑스럽고 신기해서 저 자신을 많이 칭찬해줬던 것 같아요.

학생들의 인터뷰를 통해 저희도 알게 된 점이 있습니다. 습관을 만드는 것은 단순히 습관을 바꾸는 데 머무르지 않는다는 점입니다. 학생들은 스스로의 노력을 통해 목표를 성취했고, 그러한 성취감이 자신감과 끈기를 갖추는 데 큰 도움이 되었다고 했습니다. 작은 성취들이 선순환을 이루며 학업과 인생 전반에 매우 긍정적인 영향을 미치게 된다는 걸 확인할 수 있었습니다.

지금 이 책을 읽는 여러분도 자신에게 맞는 습관을 만들어 보기를 바랍니다. 그 과정에서 자신을 믿고 꾸준히 지속할 수 있는 힘을 얻게 될 것입니다.

## 다른 친구들의 좋은 습관을
## 배울 수 있었어요

습관 챌린지의 성과 중 하나는 친구들이 공유하는 습관을 보며 자극을 받고, 좋은 습관을 만들고자 하는 동기부여가 되었다는 점입니다. 챌린지에 참여한 학생들은 서로 다른 습관을 실천하면서 이를 공유했습니다. 학생들은 다른 친구들이 공유한 다양한 습관을 보며 새로운 것을 배우고 더 나은 습관을 찾으려고 했습니다.

자신과 다른 친구의 습관을 비교하면서 자신의 습관을 돌아보기도 하고, 자신이 잘 몰랐던 새로운 공부법을 참고해서 시도해보기도 했습니다. 그리고 다른 친구의 습관에서 더 나은 점을 찾아 실천해보기도 했습니다. 혼자서 했다면 몰랐을 것들을 배우고 보완하면서 학생들은 발전하는 모습을 보여주었습니다. 서로가 서로에게 도움이 된 것입니다.

☺ 저는 책을 읽고 소감을 짧게 한 줄만 적었어요. 그런데 친구들은 자신이 느낀 점을 꽤 자세히 적었더라고요. 신선한 자극이 되었어요. 친구들이 어떤 내용을 적는지 살펴보고 저도 관점을 달리해서 책을 읽게 되었죠. 그러다 보니 내용 이해도 잘되고 머릿속에 더 오래 남았습니다.

☺ 챌린지에 참여하며 암기 노트 사용법을 알게 되었어요. 저는 수업 내용을 요약하면서 복습했는데 다른 친구는 암기 노트를 사용하더라고요. 그걸 적용한 것이 큰 도움이 되었어요. 제 공부 방법을 돌아보고 더 나은 방법을 찾아 업그레이드할 수 있어서 좋았어요.

☺ 우리 같은 성장기 아이들에겐 잠을 잘 자는 것이 중요하다며 수면시간을 인증한 친구가 있었어요. 저는 미처 생각해보지 않은 부분이었는데 맞는 말이더라고요. 그 친구를 보며 저의 수면시간에 대해 다시 한번 생각해보게 되었죠. 늦게 자고 늦게 일어나는 습관을 바꾸려 노력했습니다.

☺ 저하고 같은 습관을 선택한 친구가 있었는데, 궁금해서 어떤 내용을 적는지 살펴본 적이 있어요. 저랑은 다른 일들을 많이 하더라고요. 그 친구가 하는 일 중 저도 해보면 좋을 것 같은 일을 선택해서 실천해보곤 했습니다.

☺ 어려운 문제를 서술형으로 푸는 친구가 있었어요. 그 친구가 인증하는 내용을 보면서 굉장히 꼼꼼하게 푸는구나 생각하게 되었죠. 저도 그렇게 해보려고 노력했던 게 생각납니다.

학생들은 습관 챌린지를 통해 서로 다른 습관을 공유함으로써 다양한 습관을 접하고 새로운 관점을 얻을 수 있었습니다. 습관 챌린지는 이렇게 학생들 서로가 긍정적인 영향을 주고받으며 함께 성장할 수 있는 기회가 되었습니다.

# 습관 챌린지에 다시
# 도전하고 싶어졌어요

습관 챌린지에 성공한 학생들은 새로운 도전 앞에서 자신감과 열정을 갖게 되었습니다. 습관 챌린지를 완주한 것은 어려움을 극복하고 성취감을 느끼는 좋은 경험이 되었고, 다시 참여하고자 하는 동기가 되었습니다. 또 다른 습관에 도전해서 성공하려는 열정이 생긴 것입니다. 학생들은 하루하루 작은 실천을 하고 그 경험이 누적돼 큰 성취감을 느낄 수 있는 습관 챌린지의 가치를 알게 되었습니다. 이 과정에서 어떻게 어려움을 극복하면 되는지 그 방법도 알게 되었죠. 그래서 다음에도 기회가 있다면 또 도전해보고 싶다고 말하는 학생들이 많았습니다.

☺ 정말 절실하게 갖고 싶은 습관이 있어요. 꾸준히 오랜 시간 앉아서 집중하는 습관을 기르고 싶거든요. 오래 앉아서 공부하는 습관을 선택해서 도전하고 싶습니다.

☺ 습관 챌린지에는 성공했지만 요즘 큰 고민이 있어요. 시도 때도 없이 핸드폰을 보는 안 좋은 습관이 있는데 이걸 고치고 싶

습니다. 휴대폰 사용 시간을 정해서 그때만 사용한다거나, 공부 시간과 비율 정해서 사용하는 식으로 해보고 싶어요.

☺ 다음에 꼭 다시 참여해보고 싶어요. 어떤 어려움이 있을지 예측할 수도 있고, 힘든 상황에 직면했을 때 극복하는 방법도 알 것 같거든요. 다른 친구들이 선택했던 습관 중 하나를 골라서 도전해보고 싶어요. 물론 성공할 자신도 있습니다.

☺ 매일의 성공이 쌓이면 큰 성취감으로 온다는 걸 깨달았어요. 또 그 느낌을 받고 싶습니다. 다음에는 복습을 선택해서 도전해보고 싶어요. 잘 못하는 일이라 쉽지 않겠지만, 과정을 이겨내면 어떤 보상이 돌아오는지 아니까 꼭 성공할 거예요.

작은 습관 하나를 꾸준히 실천하는 것만으로도 학생들은 목표를 이루었다는 성취감을 경험했습니다. 이 성취감은 자신에 대한 믿음과 새로운 도전에 대한 열정으로 이어졌습니다. 이처럼 작은 성취감은 또 다른 성취에 대한 동기가 될 수 있습니다. 그리고 이처럼 성공에 대한 경험이 쌓이면, 성공 자체가 습관이 되는 경험을 할 수 있습니다.

# 절대
# 실패하지 않는
# 자기주도학습
# 습관

KAIST

메타인지는 학습 과정에서 자신의 인지 상태를 인식하고 평가하는 능력을 말합니다. 쉽게 말하자면, 자신이 어떤 것을 알고 또 어떤 것을 모르는지 스스로 인지하고 평가할 수 있는 능력입니다. 우수한 학생들은 학습 과정에서 이미 알고 있는 내용과 모르는 내용을 명확하게 구분해 선택과 집중을 합니다. 그만큼 메타인지 능력이 높다는 뜻입니다.

# 중요한 건 공부 방법이 아니라
# 습관이다

우수한 학생들은 대체 공부를 어떻게 하는 걸까요? 많은 사람이 궁금해하는 점이죠. '공부의 왕도', '1등의 공부법', '카이스트 공부법' 등의 주제를 담은 책에서는 최상위 학생들의 공부 방법을 소개하고 있습니다. 그런데 주제가 비슷해서인지 이러한 책들을 살펴보면 대부분 비슷한 공부 방법을 소개하고 있습니다. 학생들 역시 그런 책들을 많이 보았을 테니 공부 잘하는 방법에 대해서는 이미 잘 알고 있을 것입니다.

어쩌면 공부를 어려워하는 학생들은 공부를 잘하는 방법을 모르는 것이 아니라, 그것을 알면서도 습관으로 만들지 못해 힘들어하는 것일 수도 있습니다. 그래서 학생들에게 정말 필요한 건 공부 방법이 아니라 그것을 어떻게 하면 습관으로 만드느냐 하는 것입니다. 여기서는 효과적인 공부 방법뿐만 아니라 이를 습관으로 만드는 방법을 소개하려 합니다.

공부 잘하는 학생들이 갖고 있는 공부 습관을 한마디로 요약하면 '자기주도학습 습관'이라는 것은 이미 살펴봤습니다. 자기주도학습을 하려면 먼저 학생이 스스로 학습에 대한 목표를 설정하고 계획을 세웁니다. 그리고 이를 달성하기 위해 효과적인 방법으로 학습을 수행하는 것이죠. 이런 이유로 자기주도학습의 경우 학습에 대한 책임감과 적극적인 참여를 강조합니다.

우선 자기주도학습을 위해서는 인지와 메타인지 조절, 동기 조절, 시간과 환경 관리를 잘해야 합니다. 앞서 우수 학생들의 경우 인지 전략과 메타인지 전략을 잘 활용하고, 학습 시간과 환경을 효율적으로 조절하는 습관이 있음을 함께 살펴봤습니다.

자기주도학습 역량을 키우기 위해서는 어떤 공부 습관을 갖는 게 좋을까요? 우수한 학생 혹은 영재 학생들은 주로 어떤 공부 습관을 갖고 있을까요? 여기서는 챌린지에 참여한 학생들이 갖고 싶어 했던 다양한 습관들을 면밀히 살펴보려 합니다. 그 습관들을 살펴보면서 그것들에 어떤 의미가 있는지, 어떻게 활용하면 좋은지, 실제로 어떤 긍정적 영향을 미치는지 등을 알아보는 것이 큰 도움이 될 겁니다.

# 첫째, 내용을 효과적으로 기억하고 이해하는 습관

'인지'란 사람이 생각하는 과정으로, 정보를 받아들이고 이를 처리하고 저장하는 과정을 말합니다. 그럼 인지 전략이란 무엇일까요? 인지 전략이란 학습한 내용을 효과적으로 기억하고 이해하기 위해 사용하는 다양한 방법을 의미합니다. 이 방법들에는 대표적으로 어떤 것들이 있을까요?

단어장을 만들어 단어를 반복해서 외우기, 수학 문제 반복해서 풀기, 수업 내용을 정리한 요약 노트 만들기, 책을 읽은 후 내용 정리와 함께 자기 생각을 적는 독서 노트 등이 여기에 해당합니다. 이런 활동은 모두 공부할 때 내용을 잘 외우고, 이해하고, 문제를 푸는 데 도움을 주기 위해 사용하는 방법입니다. 바로 이런 방법들을 인지 전략이라고 부릅니다.

공부할 때 인지 전략을 잘 활용하면 학습 효과를 높이고 학습 시간을 줄일 수 있습니다. 하지만 항상 좋기만 한 건 아닙니다. 비효율적인 인지 전략을 활용할 경우 시간과 노력이 낭비되고, 학습 효과를 떨어뜨릴 수 있습니다. 특히 무작정 읽으면서 단편적 지식을 암기하는 방법으로 공부하는 경우 투자한 시간만큼 효과를 보기 어렵습니다. 암기과목이라 해도 내용을 체계적으로 정리하고 구조화해 외우거나, 내용 간의 관계나 배경을 이해하면서 외우는 것이 훨씬 효과적입니다.

예를 들어 역사 공부를 할 때 교과서에 제시된 연대순으로 역사적 사건들을 외우며 공부하는 학생들이 있습니다. 반면 역사적인 사건의 배경, 원인과 결과 등 시대적 맥락을 파악하며 공부하는 학생들도 있습니다. 이 중에서 어떤 학생이 공부한 내용을 오래 기억할 수 있을까요? 당연히 후자의 학생입니다.

효과적으로 기억하고 이해하기 위한 전략은 사람마다 다를 수 있습니다. 절대적으로 좋은 방법이 있는 것은 아니라는 뜻입니다. 그러니 내가 잘 기억하고 쉽게 이해할 수 있는 나만의 방법을 찾고, 이를 꾸준히 적용해서 공부 습관으로 만들어야 합니다.

습관 챌린지에 참여한 학생들이 갖고 싶어 했던 학습 습관 중 인지 전략과 관련된 습관에는 노트 정리, 문제 풀이, 오답 노트 작성, 암기 등이 있습니다. 이 각각의 방법들을 좀 더 구체적으로 살펴보도록 합시다.

## 학습 효과를 높여주는
## 노트 정리

### 요약 노트 정리법

노트 정리는 공부할 때 가장 많이 쓰는 방법으로 수업이나 학습 내용을 기억하기 쉽게 요약하고 정리하는 것입니다. 예를 들어 개념을 정리하거나 내용을 요약하면서 배운 내용을 떠올리며 복습할 수 있습니다. 또한 학습한 내용을 정리하면서 불확실한 내용이나 추가로 학습해야 할 내용을 파악하고, 필요에 따라 다시 학습할 수도 있습니다.

이처럼 학습한 내용을 기억하기 위해서는 수업 내용을 스스로 생각해내고 정리하는 시간이 필요합니다. 이때 노트 정리는 매우 큰 도움이 됩니다. 기억에는 한계가 있기 때문에 잊어버리기 전에 자신이 파악한 내용을 정리해두면 복습하면서 각인되는 효과가 있습니다. 또한 나중에 정리한 내용을 보면서 빠르게 요점만 확인할 수도 있겠죠.

가장 일반적인 노트 정리 방법은 요약 노트를 작성하는 것입니다. 요약 노트는 학습한 내용을 간결하게 요약하고, 중요한 내용을 강조해 정리하는 방법입니다. 이 방법은 많은 양의 정보를 간략하게 정리하고 기억하는 데 매우 유용합니다. 요약 노트를 작성할 때는 핵심 내용을 요약하거나, 학습한 내용을 대표하는 주요 단어나 구절을 적어서 정리합니다. 이렇게 작성된 요약 노트는 정보를 기억하기 쉽게 도와주고, 나중에 필요한 내용을 쉽고 빠르게 찾아볼 수 있어 시간을 절약해줍니다.

학생들은 매일 수업 시간에 배운 내용을 요약해 노트로 정리하는 것을 꾸준히 실천해 습관으로 만들고자 했습니다. 예를 들어 수학이나 과학 시간에 배운 핵심 개념을 암기 카드로 만들어서 정리한 학생들이 있었습니다. 또는 역사 시간에 배운 내용을 지도와 함께 시각적으로 정리한 노트를 매일 인증한 학생들도 있었습니다.

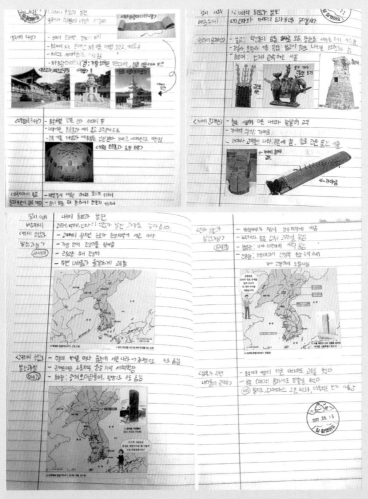

역사적 사건의 배경, 원인과 결과 등 시대적 맥락을 파악하며 공부하기 위해 관련 지도 및 이미지와 함께 정리한 요약 노트

공식이나 개념 및 원리의 이해가 필수적인 과학 과목의 경우 주요 공식이나 개념을 노트로 정리하는 것이 매우 큰 도움이 됩니다. 특히 복잡한 개념일수록 자신의 말로 정리해 기록하고 그림으로 설명할 수 있다면, 학습 효과를 더욱 높일 수 있습니다. 자기 말로 되새김질하며 정리하는 과정에서 이해의 폭이 넓어지고 머릿속에 각인되는 효과가 있기 때문입니다.

역사 과목에서는 지도와 그림이 모두 중요한 정보이므로 같이 정리하는 것이 좋습니다. 복잡한 역사적 사건은 그림을 그려 넣어 이해를 돕고, 연대표를 적어 시대적인 비교를 하는 것이 중요합니다. 이렇게 정리해놓은 노트는 나만을 위한 소중한 자료가 되므로, 공부 시간을 단축하는 데도 큰 도움이 됩니다.

## 포스트잇 활용법

습관의 관점에서 추천하는 노트 정리 방법 중 하나는 포스트잇의 활용입니다. 필기 습관이라고 생각하면 학생들이 대부분 큰 부담을 느끼고, 시작하기도 전에 지레 겁을 먹는 경우가 많습니다. 이러한 부담감을 줄이기 위해서는 간단한 방법을 활용하는 것이 좋습니다.

포스트잇은 일단 크기가 작기 때문에 보기에도 부담이 없고, 면적이 작으니 채우기도 매우 쉽습니다. 필기한 포스트잇을 교과서나 문제집 혹은 책상 옆에 차례대로 붙여놓으면 그 결과물을 시각적으로 확인하기도 매우 편해서 강력하게 추천하는 습관입니다.

특히 수학 과목의 경우 선생님이 풀어주신 문제 풀이나 자신이 따로 풀어본 문제들을 노트에 기록하는 경우가 있습니다. 이건 노트 필기와 문제가 함께 있지 않기 때문에 나중에는 알아보기가 어렵습니다. 그럴 때 포스트잇에 필기하고 문제 옆에 붙여놓으면 필기한 내용을 효과적으로 볼 수 있으며 포스트잇 메모 덕분에 풀이 과정을 기억해내기도 쉽습니다.

실제 챌린지에 참여했던 학생들은 수업 시간에 배웠던 내용을 포스트잇 혹은 암기 카드 형태로 기록해서 보관했습니다. 혹은 온라인 노트에 기록해서 보관하는 경우도 많았습니다. 이런 기록들이 쌓이면 시험 준비를 할 때도 중요한 것만 효율적으로 공부할 수 있게 됩니다.

### 표, 다이어그램, 마인드맵 활용법

노트 정리를 위해 활용할 수 있는 또 다른 방법은 표나 다이어그램, 또는 마인드맵을 활용하는 것입니다. 이것들을 활용해 학습한 내용을 체계적이고 의미 있는 방식으로 정리하면 도움이 됩니다. 이 방법들은 학습한 내용을 구조화해서 파악한 뒤 정리하는 방법입니다.

표나 다이어그램은 정보를 시각화해 정리하는 데 도움이 됩니다. 정보를 행과 열의 형태로 정리하는 표는 정보를 간단하면서도 체계적으로 정리할 수 있는 방법이므로 쉽게 활용할 수 있습니다. 다이어그램은 정보를 그림과 선으로 표현해 정리하는 방법입니다.

이러한 도구를 활용해 학습한 내용을 체계적으로 정리하면, 정보가 시각화되어 복잡한 개념도 쉽게 이해됩니다. 예를 들어 생물을 공부할 때 생물 종군의 특징을 비교하기 위해 표를 만들거나 분류도를 만드는 방법이 있습니다. 생물의 계와 각 특징을 글로 적으면 매우 복잡해 보입니다. 하지만 도식화해서 분류도로 정리하면 한눈에 파악이 되며 이해하기 훨씬 쉽습니다.

마인드맵은 학습한 내용의 중심 주제를 잡고 연관된 아이디어를 연결해 정리하는 방법입니다. 이 방법은 핵심 개념을 중심으로 연관된 정보들을 체계적으로 정리하면서 개념과 정보의 연결고리를 시각적으로 파악할 수 있습니다. 마인드맵을 만들면 복잡한 개념이 한눈에 보이니 쉽게 이해되고, 정보가 잘 기

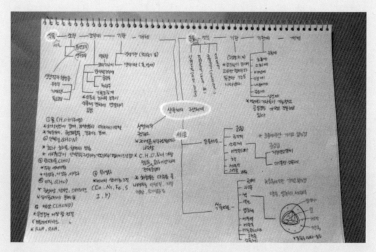

한눈에 내용이 파악되도록 표, 다이어그램, 마인드맵 등을 활용해 정보를 시각화해서 정리한 노트

억되는 효과가 있습니다. 또한 자신이 잘 이해하지 못한 부분을 확인하는 것도 쉬우니 여러모로 유용합니다.

노트 정리 방법은 각자의 스타일에 맞게 자유롭게 선택할 수 있습니다. 중요한 것은 같은 내용을 학습하더라도 손으로 직접 기록하면 기억에 오래 남는 효과가 있다는 것입니다.

앞서 설명한 노트 필기 방법들을 확인하고 어떤 것이 자신에게 잘 맞으면서도 효과를 발휘할지 찾아보기 바랍니다. 여러 방법 중 자신에게 맞을 것 같은 방법을 시도해보고, 그중 실제로 효과가 있는 노트 정리 방법을 찾아야 합니다. 이때 중요한 것은 교과서나 선생님의 설명을 통째로 옮겨 쓰지 말아야 한다는 점입니다. 그보다는 자신이 이해한 것을 바탕으로 자신의 언어로 전환해서 작성해야 합니다. 즉 자신이 깊이 고민하고 생각해서 재구성하는 게 중요하다는 뜻입니다.

노트 정리를 처음 시작하는 학생들이라면 처음부터 완벽한 노트를 만들겠다는 욕심을 버려야 합니다. 오늘 배운 내용을 자신의 스타일로 적는 것부터 시작하면 됩니다. 처음부터 욕심을 내거나 목표를 높게 잡으면 며칠 못 가서 포기하기 쉽습니다. 중요한 건 매일매일 꾸준히 정리해나가며 지속하는 습관을 갖는 것입니다. 그러다 보면 어느새 나만의 노트를 갖게 될 것입니다.

# 완성도를 높여주는
# 문제집 풀이

문제집 풀이는 많은 학생이 선택한 습관 중 하나입니다. 학습 분량을 측정하기 쉽고 현실에서 많이 접하기 때문에 친근한 습관입니다. 학생들은 매일 개수나 분량을 정해놓고 꾸준히 문제를 푸는 것을 목표로 했습니다. 문제집 풀이를 선택한 학생들 중 일부는 단순히 문제를 푸는 데 그치지 않았습니다. 수학 문제를 풀 때 서술형 풀이 과정을 적거나 틀린 문제에 대한 오답 노트를 만들어 풀이 과정을 다시 복기하는 등 다양한 방법을 찾아 실천했습니다.

## 서술형 문제 풀이

수학에서 서술형 풀이는 문제를 해결하는 과정을 문장으로 상세하게 서술해야 합니다. 실제로 서술형 풀이에 어려움을 느끼는 학생들을 보면, 서술형의 시작과 끝을 어떻게 써야 하는지 모르는 경우가 많습니다. 물론 글씨 쓰는 것 자체가 귀찮고 번거로워 안 쓰는 학생들도 있었습니다. 하지만 그보다는 서술형으로 문제 풀이를 쓰는 방법 자체를 몰라 시작을 못 하는 경우가 더 많았습니다.

그럴 때 가장 좋은 방법은 선생님이 필기한 풀이를 따라 써 보는 것입니다. 나보다 실력이 뛰어난 사람의 풀이를 따라 쓰다 보면, 점차 어떻게 서술형 풀이를 하는지 그 구조를 깨달을 수 있습니다. 무엇보다 모범 답안을 그대로 따라 쓰는 것이기 때문에 서술형 풀이의 부담감에서 자유로울 수 있습니다. 따라 쓰다 보면 어느새 풀어 쓰는 방법을 배울 수 있을 것입니다. 문학을 공부하는 사람들이 초반에는 명문장을 따라 쓰면서 좋은 문장 구조를 익히는 것과 비슷한 원리입니다. 이후에는 선생님의 풀이 스타일과 비슷한 형태로 풀이를 쓰게 될 것입니다.

그러나 한 단계 더 발전하려면 자신만의 풀이를 완성할 수 있어야 합니다. 실제로 현장에서 학생들에게 수학을 가르칠 때 활용하는 방법입니다. 서술형 문제의 정답을 맞춘 학생들에게도 선생님의 문제 풀이 과정을 그대로 써보게 합니다. 문제의 정답을 맞춘 학생이라 하더라도 풀이의 완성도가 제각기 다르기 때문입니다. 완성도가 높은 풀이를 따라 써보면서 좋은 풀이 과정을 익히는 것은 매우 도움이 됩니다.

나보다 실력이 좋은 사람의 풀이를 따라 써보는 것이 어렵다면 다른 방법도 있습니다. 문제집 해설의 풀이를 따라 쓰면서

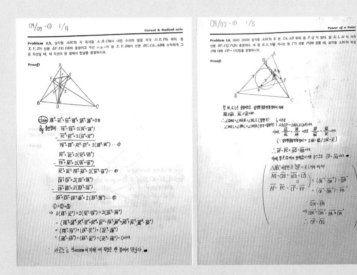

좋은 문제 풀이를 따라 적어본 뒤, 자신만의 문제 풀이 구조를 만들면서 완성도를 높이는 풀이 연습을 해야 합니다.

서술형 문제 풀이 과정을 익히는 방법입니다. 이것을 꾸준히 반복하다 보면 서술형 풀이에 익숙해지고, 수학 실력 향상에도 도움이 될 것입니다.

## 오답 노트 작성하기

오답 노트 작성은 공부 잘하는 학생들의 공부 비법으로 자주 등장합니다. 이는 틀린 문제와 그 이유를 정리하는 방법으로, 실제 상위권 학생들이 자주 쓰는 방법입니다. 문제를 풀고 채점한 후 틀린 문제뿐만 아니라 맞았지만 풀이 과정이 확실하지 않았던 문제도 다시 풀어보면 도움이 됩니다. 오답 노트 작성 과정을 통해 어느 부분에서 실수했는지 찾아내고 점검할 수 있습니다. 왜 틀렸는지 스스로 문제점을 분석하면서 문제를 푸는 데 필요한 개념이나 풀이 과정 등을 이해할 수 있게 됩니다.

실제로 오답 노트를 작성할 때 가장 주의해야 할 점은 나중에 같은 문제를 풀 때 다시 풀어볼 수 있는 상태를 만들어야 한다는 것입니다. 오답 노트를 만들면서 해설의 풀이를 적어놓는 경우가 있습니다. 그리고 나중에 다시 그 문제를 풀면서 하단에 적힌 자세한 풀이를 참조해서 문제를 풀곤 합니다. 풀이를 보면서 문제를 푼다면 사실상 반복해서 풀이할 의미가 없습니다. 풀이된 텍스트를 그대로 베끼는 데 머물 수도 있기 때문입니다. 그럴 때는 옆 페이지의 이미지처럼 문제 풀이를 적고 하단을 접어서 풀이가 보이지 않게 만드는 방법이 있습니다. 그러면 추후 그 문제를 풀 때 풀이가 보이지 않으니 이전과는 전혀 다른 난이도를 경험하며 다시 문제를 풀 수 있습니다.

만일 현실적으로 이렇게 오답 노트를 만들기 어려운 경우 가장 추천하는 방법은 문제집을 두 권 사는 것입니다. 문제집을 두 권 사서 한 권을 먼저 풀고 채점합니다. 틀린 문제들을 다시 풀어본 후 또 틀렸다면 그 문제들을 두 번째 문제집에 표시만 해둡니다. 그리고 시험 전에 두 번째 문제집에 표시된 것들만 노트에 정리하면서 풀어 쓰면 훌륭한 오답 노트가 될 수 있습니다.

실전 팁을 말씀드리면 해마다 문제집이 개정판을 내는 경우들이 있습니다. 그러면 문제들의 배열이 달라질 수 있으니 나중에 다시 사지 말고, 처음에 두 권 사는 걸 추천합니다. 같은 문제집이지만 출판되는 버전에 따라 내용이 조금씩 다를 수 있기 때문입니다.

서술형 풀이와 오답 노트는 학습 경험을 누적해 효과적인 학습이 이루어질 수 있도록 하는 중요한 학습 방법입니다. 서술형 풀이를 작성해 문제 해결 과정을 명확하게 이해하고 나면,

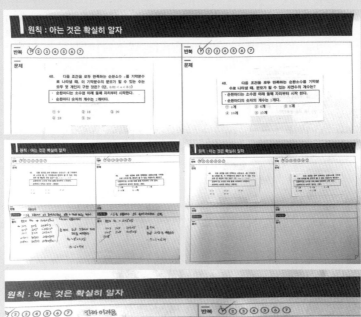

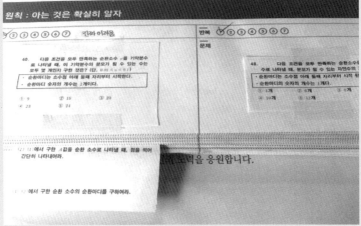

오답 노트를 작성할 때는 문제 풀이를 적고 하단을 접어서 풀이가 보이지 않게 만드는 것이 좋습니다.

다른 유형의 문제에서도 비슷한 해결 방법을 적용할 수 있습니다. 그만큼 응용력이 향상되는 것이죠.

이렇게 서술형 풀이와 오답 노트를 통해 학습 경험을 누적하면, 이전에 학습한 내용과 경험을 다시 활용해 새로운 학습 과제를 더욱 효과적으로 수행할 수 있습니다. 이러한 과정이 반복되면 학습 능력 또한 계속해서 향상될 것입니다.

## 기억을 더 잘할 수 있는
## 의미 부여

기억과 이해를 더 잘할 수 있는 또 다른 방법은 학습한 내용에 의미를 부여하는 것입니다. 이를 통해 정보를 더욱 효과적으로 기억하고 활용할 수 있습니다.

학습 습관 챌린지에서 학생들이 선택한 습관 중 영어 단어를 외울 때 문장을 만들어 외우는 방법이 있었습니다. 예를 들어 단어 'Procrastinate'를 외울 때 'I always procrastinate until the last minute to start my homework'와 같이 문장을 만들어 외우면 훨씬 도움이 됩니다. 문장의 맥락과 함께 전체적인 의미를 이해하면 그 단어가 '미루다'를 나타낸다는 것을 더 쉽게 기억할 수 있기 때문입니다.

과학이나 수학에서도 이와 비슷한 방법을 적용할 수 있습니다. 함수를 배우는 것을 한번 생각해봅시다. 우리가 일상생활에서 접할 수 있는 함수의 예시를 찾아서 적용해본다면 어떨까요?

네비게이션이 그중 한 예가 될 수 있습니다. 네비게이션에는 도착할 때까지 남은 시간이 시시각각 변하면서 표시됩니다. 남은 시간은 도착지까지 남은 거리를 현재 속도로 나누어 계산합니다. 즉 남은 거리와 현재 속도에 따라 남은 시간이 정해지기 때문에 '남은 시간은 남은 거리와 속도의 함수'라고 할 수 있습니다. 이렇게 이해하면 함수 문제를 푸는 것보다 함수의 개념을 더욱 쉽게 이해할 수 있으며, 적용하는 능력을 키울 수 있습니다. 이를 통해 수학이나 과학이 일상생활에서 어떻게 적용되는지를 파악하고 이해할 수 있습니다. 그리고 이는 더욱 깊은 이해와 기억을 가능하게 합니다.

# 둘째, 아는 것과 모르는 것을 구분하는 메타인지 습관

'메타인지'에 대해 많이 알고 있을 것입니다. 메타인지는 공부를 잘하는 데 꼭 필요한 능력으로 알려져 있습니다. 그럼 메타인지란 정확히 어떤 것일까요? 메타인지는 학습 과정에서 자신의 인지 상태를 인식하고 평가하는 능력을 말합니다. 쉽게 말하자면, 자신이 어떤 것을 알고 또 어떤 것을 모르는지 스스로 인지하고 평가할 수 있는 능력입니다.

우수한 학생들은 학습 과정에서 이미 알고 있는 내용과 모르는 내용을 명확하게 구분해 선택과 집중을 합니다. 그만큼 메타인지 능력이 높다는 뜻입니다. 공부를 잘하는 학생들이 지닌 가장 공통적인 능력이라 해도 과언이 아닐 만큼 학습에서 메타인지 능력은 매우 중요합니다.

종종 시험을 보고 이런 말을 하는 학생들이 있습니다. 이런 경우 아는 것 같다는 착각에 충분히 공부하지 않았기 때문일 수 있습니다. 실제로 아는데 틀리는 경우는 많지 않습니다.

메타인지 능력이 높으면 학습 내용을 어느 정도 이해했는지, 어떤 부분을 더 공부해야 하는지 등을 스스로 판단할 수 있습니다. 즉 메타인지가 높으면 보다 효율적으로 공부할 수 있다는 뜻입니다. 공부를 어려워하는 학생들의 특징 중 하나가 아는 것과 모르는 것의 경계가 불분명하다는 점입니다. 안다고 해서 풀어보라고 했는데 잘 못 풀거나, 반대로 모른다고 하더니 문제를 제대로 푸는 경우도 있습니다.

하지만 공부를 잘하는 학생들일수록 이런 편차가 작습니다. 자신이 예상하는 자신의 실력과 실제 실력 사이의 격차가 매우 작은 것입니다. 그만큼 공부를 잘하는 학생들은 자신에 대한 판단이 정확하다는 뜻이기도 합니다. 그러니 자신에게 필요한 것을 찾아 공부하는 능력도 탁월할 수밖에 없습니다.

메타인지 능력을 향상시키기 위해서는 자신의 인지 상태를 지속적으로 관찰하고 평가하는 습관을 길러야 합니다. 이를 통해 자신이 어떤 것을 알고 있는지, 또 어떤 것을 모르는지 파악하는 것이 중요합니다. 공부뿐만 아니라 세상 모든 일의 기본은 자신을 잘 아는 것입니다.

여기서는 메타인지 능력을 높이는 학습법을 살펴보려 합니다.

## 메타인지 능력을 키우는
## 백지 노트 학습법

자신이 얼마나 잘 알고 있는지 어떻게 확인할 수 있을까요? 우선 종이와 펜을 꺼내고, 다음 중 본인이 알고 있는 개념을 선택해 의미를 적어보도록 합시다.

1) 질량과 무게
2) 속력과 속도
3) DNA와 유전자
4) 지진의 규모와 진도

자신이 알고 있는 것들을 정확히 적을 수 있었나요? 아는 개념 같았는데 막상 글로 쓰려니 잘 써지지 않는 것은 없었나요? 이러한 과정을 통해 내가 얼마나 정확하게 알고 있는지, 모르는 내용은 무엇인지 파악할 수 있습니다.

상당수의 학생들이 자신이 잘 모르는 것도 알고 있다고 착각하곤 합니다. 메타인지 전문가들은 자신이 아는 것을 글로 쓰거나 말로 설명할 수 없다면 그건 아는 것이 아니라고 말합니다. 그저 알고 있다는 느낌만 갖고 있을 뿐이라는 말입니다. 다시 말해 잘 알고 있다면 그것을 제대로 출력할 수 있어야 한다는 뜻입니다.

학생들이 자신의 메타인지 능력을 직접 확인할 수 있는 가장 좋은 방법은 무엇일까요? 바로 백지에 아는 것을 적어보는 백지 노트 학습입니다.

그 외에 아는 것을 다른 사람에게 설명하는 것과 자체 시험 등의 방법도 있습니다. 이것들의 공통점은 아무런 힌트가 없는 상태에서 아는 것을 출력해보는 것입니다. 학습 습관 챌린지에 참여한 학생들 중에서도 이러한 메타인지 습관을 선택한 경우가 있었습니다.

백지 노트 학습법은 말 그대로 학습한 내용을 떠올리면서 백지에 주요 내용을 요약해서 정리해보는 방법입니다. 학습 내용을 기억해내고, 꺼내서 자신의 언어로 다시 정리하다 보면 막히는 부분이 있을 것입니다. 이 과정에서 자신이 무엇을 모르는지 파악할 수 있습니다. 정확하게 알지 못했던 내용을 제대로 이해하는 기회를 갖게 되고, 추가로 무엇을 더 공부해야 할지에 대해서도 확인할 수 있습니다.

실제로 수학 수업에서 배운 것을 백지에 써보면 어떨까요? 아마 자신이 실수하거나 잘 이해하지 못하는 부분들을 바로 확인할 수 있을 것입니다. 예를 들어 방정식 문제를 풀면서 등호를 빠뜨리거나 근의 공식에서 지수 표기를 빠뜨리는 실수가 발생하기도 합니다. 이런 실수를 하면 문제의 해를 정확하게 도출하기 어렵습니다.

방정식 문제에서 $x+2=4$와 같은 예를 봅시다. 학생들은 이 방정식을 풀 때 $x$의 값이 2임을 압니다. 하지만 이 방정식의 의미가 $x$의 값에 따라 참이 되거나 거짓이 되는 '등식'이라는 개념을 이해하지 못하는 학생들도 있습니다. 방정식은 양변이 같은지 다른지를 구분하는 등식이며, 방정식의 의미를 알아야 $x$에 어떤 값을 대입해도 참이 되는 항등식과 구분할 수 있습니다. 이러한 개념을 이해하지 못하면 문제를 정확하게 해결하기 어렵습니다.

　이렇게 백지 노트 혹은 백지 개념 테스트를 해보면 이해하고 있는 수준이 그대로 드러나게 됩니다. 자신이 이렇게까지 모르고 있었다는 사실에 충격을 받는 학생들도 있습니다. 어쩌면 이것은 당연한 결과인지도 모릅니다. 학교 시험이 문제 풀이 위주인 데다 배운 개념을 직접 서술형으로 써보는 경험을 해본 적이 없기 때문이죠. 당연히 어색하고 어렵게 느껴질 수밖에 없습니다.

　이는 아주 좋은 자극제 역할을 합니다. 그런 면에서 배운 내용을 정기적으로 백지에 써보는 학습 습관을 들여보길 바랍니다. 어렵지만 메타인지 능력을 향상시키는 데 매우 효과적인 습관이 될 것입니다.

## 내가 선생님처럼
## 설명하기

　메타인지 향상을 위한 또 다른 방법은 자신이 선생님이 되어 알고 있는 내용을 다른 사람에게 설명해보는 것입니다. 다른 사람이 이해하기 쉽게 설명하려면 먼저 자신이 그 내용을 명확하게 이해하고 있어야 합니다. 그리고 학습한 내용 중 중요한 부분을 요약하고 정리해서 전달해야 합니다. 이 과정에서 학생들은 배운 내용을 떠올리고 일목요연하게 정리하게 됩니다. 그러다 보면 자신의 이해도를 확인하고 추가 학습이 필요한 부분도 확인할 수 있습니다.

그뿐 아닙니다. 다른 사람에게 설명하는 것에는 아주 중요한 이점이 있습니다. 남에게 설명하려면 자신의 언어로 전환하는 과정이 필요합니다. 그동안 문제집을 풀며 단순히 외우기만 했던 개념이나 단어를 내가 알고 있는 언어로 번역해보며 개념을 재정리하게 되는 것이죠.

중학교 1학년 때 배우는 함수에서 '그래프가 y축에 가까워진다는 말'은 '기울이가 가팔라진다'는 의미입니다. 또한 기하에서는 외심을 배우는데, '삼각형의 외접하는 원은 삼각형의 세 꼭짓점을 지나는 원'이라는 의미입니다.

다른 사람에게 설명하려면 문제집에 적혀 있는 피상적이고 어려운 설명글을 다시 곱씹어 이해하고, 내가 알고 있는 쉬운 용어로 변경해 설명해야 합니다. 이처럼 남에게 설명하고 이해시키는 것은 매우 적극적인 학습 행위입니다. 이런 과정을 거치는 동안 당연히 해당 내용을 더욱 확실하게 이해하게 되고, 깊이 알게 됩니다.

## 자체 테스트로
## 스스로를 평가하기

이 외에도 연습 문제 풀이나 자체 시험을 통해 학습한 내용을 스스로 평가하는 방법 역시 메타인지를 기르는 데 도움이 됩니다.

예를 들어 영어 단어를 외울 때 연습장에 여러 번 써서 외우는 것만으로 만족하지 않고 한 단계 더 나아가는 것입니다. 부모님이나 친구들에게 문제를 내도록 해서 자신의 이해도를 평가하는 학생들도 있습니다. 테스트 과정을 거치며 자기 실력을 보다 객관적으로 평가할 수 있게 되기 때문이죠.

메타인지는 보고 듣는 학습에서 말하고 쓰는 연습을 통해 길러질 수 있습니다. 보고 듣는 것만으로는 확실하게 안다고 말할 수 없습니다. 학습한 개념을 백지에 정확히 쓰거나, 타인에게 구체적으로 설명할 줄 알거나, 풀이 과정을 틀림없이 제대로 쓰면서 문제를 풀 줄 알아야 합니다. 머릿속에서만 알고 있는 것이 아니라 머릿속에 있는 것을 꺼내어 말하고 쓸 수 있어야 그것이 진짜 실력입니다.

# 셋째, 학습 효과를 높이는 시간 관리 습관

시간 관리는 공부할 때 시간을 적절하게 배분하고, 계획을 세우며, 우선순위를 정하는 데 필요한 전략입니다. 계획을 세우고 시간을 효과적으로 사용하면 시간에 대한 부담과 스트레스를 줄일 수 있습니다. 시간 관리는 자기주도학습을 잘하는 학생들이 공통적으로 가진 습관입니다. 1장에서 살펴본 카이스트 영재들이나 습관 챌린지에 성공한 학생들도 공통적으로 시간 관리의 중요성을 이야기하고 있습니다.

각자 자신에게 맞는 시간 관리 방법이 있을 겁니다. 하지만 카이스트 영재 학생들은 학습 내용이나 범위를 정해놓고 공부하기보다는 시간을 정해놓고 집중해서 학습하는 방법을 사용한다고 말합니다. 시간을 정해놓고 집중해서 공부하는 습관을 들이면 짧은 시간에 효율적으로 학습하는 노력을 하게 되어 학습 시간을 단축할 수 있기 때문입니다.

여기서는 효과적인 시간 관리 방법에는 어떤 것들이 있는지 몇 가지 주요한 방법들을 살펴보도록 합시다.

## 플래너를 활용해
## 시간 관리하기

시간 관리를 위한 대표적인 습관으로 플래너를 사용하거나 체크리스트를 활용하는 방법이 있습니다. 두 가지 모두 계획을 세우고 그에 따라 진행 상황을 체크하는 방법입니다.

플래너는 월간, 주간, 일간 계획을 세우는 데 유용합니다. 할 일을 정하고 그 일정을 월, 주, 일별로 플래너에 적는 겁니다. 이러한 습관은 학생들에게 어떤 도움을 줄까요? 우선 일정을 계획하고 그것을 플래너에 적어놓으면, 하루의 목표를 세우고 이를 기반으로 자신의 시간을 효과적으로 관리할 수 있습니다. 그뿐 아닙니다. 무계획 상태에서 우왕좌왕하는 시간을 없애주고, 중요한 일과를 빠뜨리지 않도록 도움을 줍니다.

시중에 다양한 형태의 학습 플래너들이 판매되고 있습니다. 과목별, 시간대별로 효율적으로 플래너를 사용할 수 있도록 다양한 양식과 기능을 제공합니다. 또한 일간 플래너, 주간 플래너 등 스타일에 따라 디자인과 구성 요소가 달라서 적을 수 있는 내용의 종류들이 다양합니다. 문구점에 가서 자신에게 맞는 플래너를 골라봅시다. 자신의 패션 스타일을 찾아가듯이 나에게 맞는 플래너를 찾아보는 훈련도 필요합니다.

그 외에 시험 기간에 플래너를 활용하면 보다 효율적으로 공부해서 성적 향상에 도움이 됩니다. 먼저 시험 날짜와 과목을 확인하고 시험 일정을 기록합니다. 그리고 시험 전날까지 각 과목별로 어떤 내용을 어떻게 공부할지 필요한 학습 계획을 정리합니다. 날짜별, 시간대별로 과목과 진도, 주로 공부할 내용을 정리하는 것만으로도 절반은 이룬 셈입니다. 플래너를 활용해 시험까지 남은 일정을 체크하면서 준비하면 짜임새 있는 시간 관리를 할 수 있고 훨씬 효율적으로 공부할 수 있을 것입니다.

# 체크리스트를 활용해
# 시간 관리하기

체크리스트 작성은 일정을 계획한 후 해당 일정이 완료되었는지 체크하는 것으로, 시간 관리를 위한 대표적 습관 중 하나입니다. 체크리스트를 작성해 일정을 완료할 때마다 체크하고 지워나가면 어떤 효과가 있을까요? 자신이 해야 할 일에 대한 집중도와 완성도가 높아지며 보상감도 느낄 수 있습니다. 체크리스트를 이용하면 완료되지 않은 일정을 파악할 수 있고, 다음 계획을 세울 때 이를 고려해 조정할 수도 있습니다.

예를 들어 과제를 제출해야 할 날짜가 다가온다고 해봅시다. 체크리스트를 쓰지 않는 사람이라면 과제 수행을 두서없이 진행할 수 있고, 중간에 빠뜨리는 실수도 하게 됩니다. 반면 체크리스트를 활용하면 과제 내용을 확인하고 자료를 수집해서 실제 보고서를 쓰고 제출할 때까지 해야 할 일을 일목요연하게 정리하고 파악하는 것이 가능합니다. 단계별로 진행 상황을 체크하면서 누락되는 일 없이 과제를 완료할 수 있습니다.

만일 이런 체크리스트를 쓰는 것도 부담된다면, 문구점에서 포스트잇 형태의 체크리스트 메모장을 구매해 사용해도 됩니다. 그걸 사서 하루에 한 장씩 쓰겠다는 결심을 해도 좋고, 노션 notion과 같은 온라인 노트 프로그램에서 제공하는 체크리스트 기능을 활용해도 좋습니다. 형태보다 중요한 것은 본인이 지속할 수 있는 방법을 찾아 활용하는 것입니다.


## 중요한 일과 긴급한 일, 우선순위 정하기

### 우선순위를 정하라

시간 관리를 위해서는 우선순위를 정하는 것이 중요합니다. 모든 일을 한꺼번에 할 수는 없으니 우선순위가 높은 순서대로 공부하는 것이 효율적입니다. 우선순위를 정하는 한 가지 방법은 해야 할 일을 나열해놓고 중요도와 긴급도에 따라 분류하는 것입니다.

A1은 중요하고 긴급한 일, A2는 중요하지만 덜 긴급한 일, B1은 덜 중요하지만 긴급한 일, B2 중요하지 않고 긴급하지 않은 일로 구분할 수 있습니다. 이 방법은 우선순위를 정하는 데 있어서 기준을 제공합니다. 따라서 일정을 효율적으로 관리하

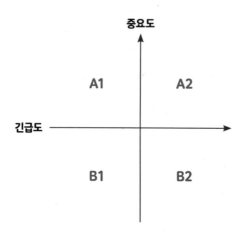

고, 시간을 더욱 효과적으로 활용할 수 있습니다.

이처럼 일정을 분류하고 우선순위를 정하는 것만으로도 시간 관리에 대한 인식이 높아집니다. 나아가 일정을 계획하는 데 도움을 줄 수 있습니다.

## 자신에게 맞는 시간 관리법을 찾아라

자신에게 맞는 시간 관리 방법을 찾는 것도 중요합니다. 여기서는 가장 많이 쓰는 방법으로 플래너와 체크리스트를 제시했습니다. 하지만 이 외에도 다양한 방법들이 있으니 자신에게 가장 잘 맞고 효과적인 방법을 찾아서 시도해보는 것이 좋습니다. 더불어 시간 관리를 위한 습관을 만들기 위해서는 꾸준한 연습이 필요합니다. 처음에는 어려울 수 있지만, 계속해서 시도하고 연습하다 보면 자연스럽게 습관으로 바뀌게 됩니다.

여러분만의 시간 관리 습관을 만들기 위해 연습하는 과정에서 가장 중요한 건 무엇일까요? 매일 시간을 정해놓고 플래너나 체크리스트를 기록하고 진행 상황을 확인하는 것입니다. 그래야 빼먹지 않고 꾸준히 지속할 수 있습니다. 특히 하루의 시작이나 끝에 일정을 작성하면 가장 좋습니다. 그날 할 일 또는 한 일을 파악함으로써 일상생활을 체계적으로 관리할 수 있을 뿐만 아니라, 지속성을 높이는 데도 도움이 됩니다.

## 자기 상황과 목표를 파악하라

시간 관리를 위해서는 자신의 상황과 목표를 잘 파악하는 것이 우선적으로 이루어져야 합니다. 공부나 일의 종류 및 성격에 따라 다양한 방법과 전략이 필요하고, 자신이 원하는 목표에 따라 계획을 세워나가는 것이 중요합니다. 이를 위해서는 먼저 자신의 목표와 상황을 자세히 파악하고 그에 맞는 계획을 세워야 합니다.

# 넷째, 같은 시간에 2배 효과를 내는 집중력 습관

시간 관리는 공부뿐만 아니라 일상생활을 해나가는 데 매우 중요한 요소 중 하나입니다. 또한 효율적인 시간 관리를 통해 성취감을 느끼고 목표를 달성할 수 있습니다. 플래너나 체크리스트를 비롯해 여러 가지 도구들을 활용해보시기 바랍니다. 정답은 없으니 그중 자신에게 맞는 걸 골라 사용하면 됩니다. 중요한 것은 이런 도구를 활용해 시간 관리 습관을 꾸준히 실천해나가는 것입니다.

학생들이 공부 습관과 관련해서 가장 고민하는 문제가 바로 집중력입니다. 집중력은 학습에 있어서 매우 중요한 역할을 합니다. 학습 과정에서 많은 양의 정보를 습득하는데, 이를 기억하기 위해서는 충분한 집중력이 필요합니다.

- ☹ 공부에 집중하고 싶은데 자꾸 다른 생각이 나요.
- ☹ 책상에 앉아서 집중하는 습관을 갖고 싶어요.
- ☹ 저는 오래 앉아 있긴 하는데, 막상 공부한 게 없어요.
- ☹ 공부만 하려 들면 평소 안 읽던 책도 읽고 싶고, 계획도 세우고 싶어져요. 왜 그럴까요?

집중력이 부족하면 주의가 산만해지고 뇌가 온전히 학습에 활용되지 않아 학습하는 속도가 느려집니다. 그러면 공부한 만큼 머릿속에 남지 않게 되죠. 반대로 집중력이 좋은 학생은 단기간 내에 많은 양의 정보를 습득할 수 있어 학습 시간을 절약할 수 있습니다. 그만큼 더 많은 시간을 다른 활동에 활용할 수 있습니다.

"공부는 오랜 시간 했는데 뭘 했는지 모르겠다."라는 말을 하는 경우가 있습니다. 이 경우 책상에 앉아 있기만 했을 뿐 실제로 뇌는 공부에 몰입하지 못한 것입니다. 즉 집중해서 공부하지 않았다는 얘기입니다. 집중하지 못하면 빨리 끝낼 것도 오래하게 됩니다. 그러다 보면 지루하고 피곤하게 느껴질뿐더러 시간을 많이 투자해도 결국 학습량은 적을 수밖에 없습니다.

많은 학생이 집중력 부족으로 공부하기 어렵다는 고민을 토로합니다. 습관 챌린지에 참여한 학생들 중에도 집중력 때문에 고민한 이들이 꽤 많았습니다. 그리고 집중력을 기르기 위해 다양한 방법들을 시도했습니다.

## 스마트폰 사용
## 스스로 통제하기

학생들의 집중력을 방해하는 가장 큰 요소가 바로 스마트폰입니다. 스마트폰에 빠져 공부에 방해를 받는 학생들도 한편으로는 어떻게 하면 스마트폰 사용을 줄일 수 있을지 고민합니다. 중요한 것은 스마트폰을 아예 사용하지 않는 것이 아니라 스마트폰 사용을 스스로 통제하고 관리할 수 있어야 한다는 점입니다.

자기주도적인 학습자라면 선생님이나 부모님에 의해 통제되는 것이 아니라 스스로 조절해서 사용할 수 있는 능력을 키워야 합니다. 스마트폰이 옆에 있어도 자신의 의지로 사용을 통제할 수 있다면 좋겠죠. 어떻게 해야 스마트폰 사용을 스스로 통제할 수 있을까요?

유튜브 보지 않기, 정해진 시간 동안 스마트폰 반납하고 공부하기, 집중력 모드 사용하기, 잠금장치 앱을 활용해서 강제적으로 스마트폰 사용 시간을 통제하기. 이처럼 다양한 방법으로 매일 꾸준히 노력해보는 것이 도움이 됩니다. 실제로 많은 학생이 이처럼 자신의 학습에 방해되는 요소를 멀리하는 습관을 만들고자 했습니다.

## 스톱워치
## 활용하기

집중력을 기르기 위해 스톱워치를 활용하는 습관도 있습니다. 스톱워치는 집중력을 유지하고 학습 시간을 관리하는 데 매우 유용한 도구 중 하나입니다. 스톱워치를 사용해 정해진 시간

동안 집중해서 공부할 수 있으며, 일정한 시간 단위로 쉬는 시간을 가지면서 지속적인 집중을 유지할 수 있습니다.

스톱워치를 활용하는 방법은 간단합니다. 먼저 공부할 내용과 시간을 정하고 스톱워치를 설정하면 됩니다. 예를 들어 삼십 분 동안 한 과목에 집중해서 공부할 경우 스톱워치를 삼십 분으로 설정합니다. 스톱워치가 시작되면 스마트폰 등 잠재적으로 공부를 방해하는 요소들을 멀리하고, 최대한 공부에 집중할 수 있는 조용하고 편안한 환경을 만듭니다. 그런 후 공부를 시작하면 됩니다.

스톱워치를 활용하면 시간의 경과를 체감할 수 있다는 것이 가장 큰 장점입니다. 이를 통해 몰입감을 유지하면서 집중력을 높일 수 있습니다. 나아가 시간을 효율적으로 활용해 공부량을 늘리는 데도 도움이 됩니다.

세계적인 IT기업 구글에서는 '구글 타이머'를 활용하고 있다고 합니다. 구글 타이머는 한 시간에 맞춰져 있는데요, 시간의 흐름을 시각적으로 확실하게 보여줍니다. 업무의 생산성과 효율을 높이기 위해 세계적인 기업 구글에서도 활용하는 타이머, 간단하지만 학습 습관을 만드는 데 매우 효과적인 방법입니다.

# 집중하기 좋은
# 학습 환경 만들기

집중 상태를 유지할 수 있는 학습 환경을 만드는 것도 매우 중요합니다. 환경 관리에는 적절한 조명, 소음 제어, 쾌적한 온도 및 공간 배치 등도 포함됩니다.

학생은 자신이 어떤 환경에서 집중이 잘되는지를 파악하고 자신에게 맞는 환경을 스스로 만들어야 합니다. 어두워야 집중이 잘되는 사람도 있고 밝아야 집중이 잘되는 사람도 있습니다. 책상이 벽을 향해야 집중이 잘되는 사람도 있고 창문 쪽을 향해야 집중이 잘되는 사람도 있습니다. 그러니 자신에게 맞는 환경을 스스로 찾아야 합니다.

학습 습관 챌린지 참가자 중 매일 공부하기 전에 책상 정리를 한 후 깨끗한 책상 사진을 찍어서 인증한 학생이 있었습니다. 이 학생은 다른 학생들에게 큰 지지를 받았습니다.

책상 정리의 목적도 결국은 학습 환경을 깨끗하고 정돈된 상태로 유지해 집중하도록 만드는 데 있습니다. 책상이 깨끗하게 정리되어 있으면 마음과 정신도 정리되어 집중하기가 쉽습니다.

## 목표와 계획을 세워
## 집중력 높이기

이 외에도 집중력을 높이기 위해 계획을 세우는 것이 필요합니다. 목표를 설정하고 학습 계획을 세우면 목표를 달성하기 위해 집중력을 발휘하게 됩니다.

길을 걸을 때를 생각해봅시다. 목적지 없이 걸을 때는 앞뒤, 옆을 돌아보며 조금은 느슨한 속도로 걷습니다. 하지만 가야 할 목적지가 분명할 때는 옆을 돌아볼 틈 없이 빠른 속도로 목적지를 향하게 됩니다. 이처럼 목표 달성을 위해 계획을 수립하면 그 계획을 지키려 노력하게 됩니다. 당연히 학습 의욕이 높아지고 성과를 높이는 데도 도움이 됩니다.

# 다섯째, 공부를 완성하는 정서 관리 습관

공부는 정신적 노력이 많이 필요한 활동입니다. 그래서 쉬지 않고 계속 공부만 할 수는 없습니다. 공부하는 과정에서 발생하는 피로와 스트레스를 낮추고 재충전하는 시간이 있어야 장기적으로 공부할 수 있습니다.

공부하는 동안 스트레스가 높아지면 집중력이 떨어지고 뇌의 전반적 기능이 저하될 수 있습니다. 또한 스트레스는 수면 장애, 불안, 우울증 등의 신체적·정신적 문제를 유발할 수 있어 공부 효율을 떨어뜨립니다. 모두 알다시피 스트레스는 만병의 근원입니다. 그러니 스트레스를 적절히 관리해주는 것은 공부하는 학생들에게는 매우 중요한 일입니다.

## 부정적 감정과
## 스트레스 줄이기

정서 관리는 불안, 분노, 스트레스 같은 부정적인 감정을 줄이고 흥미, 만족, 자신감 같은 긍정적인 감정을 높이기 위해 필요합니다. 정서 관리를 잘하면 학습 동기를 유지하고, 집중력과 학습 성과를 높일 수 있습니다. 실제로 공부는 평소의 기분 상태가 학습 결과에 매우 큰 영향을 미치는 일종의 멘탈 게임이기도 합니다. 따라서 기분이나 감정 상태 등 정서를 잘 관리하는 습관을 기르는 일은 매우 중요합니다.

정서 관리는 어떻게 하면 좋을까요? 먼저 스트레스를 낮추는 데 도움이 될 만한 것을 찾아야 합니다. 다시 말해 자신이 좋아하는 것을 찾아 실천하는 것이 좋습니다. 음악 감상, 게임, 운동 등 자신이 무엇을 좋아하는지 파악하고 그것을 하면서 에너지를 충전해야 합니다. 좋아하는 일을 하다 보면 자연스레 기분이 좋아지고 스트레스는 줄어들게 됩니다. 스트레스는 최대한 덜어내는 게 심신의 건강과 학습에 도움이 됩니다.

단, 자신이 좋아하는 일에 너무 빠져들지 않아야 합니다. 자칫 지나치게 좋아하는 일에 몰입하면 주객이 전도되어 공부보다 그 일에 더 집중하게 될 수도 있습니다. 이럴 때 필요한 것이 자기통제력입니다. 앞서 얘기했듯이, 자신의 목표를 위해 현재의 유혹을 잠시 이겨내는 것이 필요합니다.

습관 챌린지에 참여한 학생들은 매일 3,000보 걷기, 기상 및 취침 시간 정해놓고 실천하기, 시 쓰기, 명언 적기 같은 습관을 선택했습니다. 몸과 마음에 휴식을 주고 에너지를 복돋워주는 활동들이므로, 정서 관리를 위한 것이라 볼 수 있습니다.

## 긍정적인 생각 유지하며
## 정서 관리하기

스트레스를 감소시키기 위해서는 긍정적인 생각을 유지하는 것도 중요합니다. 힘든 공부로 매일 스트레스가 높은 상황에서도 긍정적인 면을 찾아보고, 자신을 격려하는 말을 자주 해보는 것이 효과가 있습니다. 많은 학생이 프라이드 월을 습관으로 실천했는데, 긍정적 에너지를 얻기에 아주 좋은 방법 중 하나입니다.

프라이드 월이란 하루를 마무리하기 전에 잘한 일과 감사한 일을 생각해보고 포스트잇이나 노트에 적어 벽에 붙이는 걸 말합니다. 자신이 잘한 일을 써보면서 스스로를 칭찬하게 됩니다.

매일 포스트잇에 적은 칭찬이나 감사의 글이 벽을 채워나가면 자신감과 자존감이 높아지는 경험을 할 수 있습니다. 늘어나는 포스트잇 숫자만큼 자신이 잘한 일도 늘어나는 것을 확인하게 됩니다. 이를 통해 학생들은 긍정적인 마인드를 형성하고 스트레스를 낮출 수 있었습니다. 또한 학습 동기를 강화하고 자신감을 높일 수 있었습니다.

프라이드 월을 꾸준히 실천한 한 학생은 "하루를 돌아보며 잘한 일을 생각하다 보니 나도 가치 있는 사람이라는 믿음과 자신감이 생겼어요."라고 말합니다. 나중에 포스트잇으로 꽉 찬 벽과 거기 담긴 내용을 보면 당시의 좋았던 기억들이 떠오를 것입니다. 그리고 포스트잇이 쌓일수록 누적된 숫자만큼 좋았던 일도 많았다는 의미가 됩니다. 이것이 또 큰 힘이 되어 스스로를 신뢰하고 지지하게 만들어줄 것입니다.

지금까지 기억과 이해력을 높여주는 습관, 메타인지를 향상시키는 습관, 시간 관리를 위한 습관, 집중력을 위한 습관, 정서 관리를 위한 습관들을 살펴봤습니다. 여기서 중요한 것은 소개된 습관들 사이에는 우열 관계가 없다는 점입니다. 또한 언급된 습관들을 모두 실천할 필요도 전혀 없습니다.

이 중에서 한 개 혹은 두 개라도 꾸준히 연습해서 나의 것으로 만들면 됩니다. 그것을 1년, 2년… 꾸준히 실천하다 보면 나의 가장 강력한 학습 습관으로 발전시킬 수 있습니다. 그리고 한 가지 학습 습관 만들기에 성공하면 성취감과 자신감이 생기고, 이것이 동력이 되어 다음 습관에 도전할 수 있게 됩니다. 그러다 보면 어느새 예전에는 생각할 수 없었던 높은 목표를 달성한 자신을 발견할 수 있을 것입니다.

4부에서는 그동안 배웠던 습관의 내용을 토대로 나에게 맞는 습관을 찾고, 그것을 유지하는 실전적 방법을 연습해보도록 합시다.

# 자기주도학습을
위한
습관 챌린지
5단계

# KAIST

하나의 습관을 힘들이지 않고 실천할 수 있게 되었다면 새로운 습관을 통해 자신이 원하는 습관들을 만들어나가는 것이 조금 더 쉬워집니다. 그리고 이러한 습관들이 쌓여 자기주도적인 학습뿐만 아니라 자기주도적인 삶을 살아갈 수 있게 됩니다.

# 1단계
# 습관 마인드 만들기

습관 프로젝트를 시작하기 위해서는 먼저 습관을 만드는 데 필요한 마음가짐을 갖는 게 중요합니다. 1단계에서는 왜 습관 프로젝트에 참여하고자 하는지, 동기를 찾는 데 집중해야 합니다. 동기가 명확해야 습관을 만들겠다는 의지를 굳건히 다질 수 있습니다. 또한 중간에 힘겨운 상황이 닥쳐도 쉽게 포기하지 않고 지속할 수 있습니다.

그리고 습관 프로젝트를 시작하는 데 왠지 자신이 없고 주저하는 마음이 생길 수 있습니다. 이럴 때는 일단 한번 도전해 보겠다는 마음을 가져보도록 합시다. 시작해보고 싶은 마음, 그 자체만으로도 절반은 이룬 셈입니다.

## 습관을 만들기 위한 동기부여하기

습관 만들기를 시작하기 위해서는 동기가 필요합니다. 동기는 이 일이 나에게 어떤 의미가 있는지, 나는 무엇을 하고 싶은지 명확할 때 생깁니다. 습관 만들기를 시작하기에 앞서 어떤 습관을 만들고 싶은지, 왜 그런 생활 습관 또는 학습 습관을 만들고 싶은지를 먼저 생각해봅시다. 생각이 쉽게 떠오르지 않는다면 자신과 친구들의 습관을 떠올리면서 목표를 찾아 나가는 것도 좋습니다.

먼저 자신이 갖고 있는 좋은 습관을 생각해봅니다. 나는 어떤 사람이고, 어떤 좋은 습관이 있는지 세 가지 이상을 떠올려봅시다. 내가 갖고 있는 좋은 습관을 찾아내는 연습을 해본다는 생각으로 적극적으로 생각해봅니다. 무심코 넘겨서 몰랐을 뿐

분명히 나만의 좋은 습관이 있을 겁니다. 나의 여러 습관 중에서 좋은 것을 잘 찾았나요? 그것들은 이미 내가 갖고 있는 장점들입니다. 이러한 좋은 습관들은 꾸준히 실천해 더 좋은 습관으로 발전시킬 수 있습니다.

그렇다면 이번에는 내가 갖고 있는 습관 중에서 고치고 싶은 것을 찾아볼 차례입니다. 좋은 습관만큼이나 나쁜 습관을 버리는 것도 중요합니다. 어쩌면 좋은 습관 10개보다 나쁜 습관 한 개를 없애는 게 더 중요할 수도 있습니다.

나를 괴롭히는 나쁜 습관은 어떤 것인가요? 어떤 습관을 당장 고치고 싶은가요? 고치고 싶은데 잘 안 되는 이유는 무엇인가요?

이번에는 친구들이나 가족들의 습관을 생각해봅니다. 친구들이나 가족들이 갖고 있는 습관 중에서 부러운 습관이나 나도 꼭 갖고 싶은 습관이 있나요? 잘 모르겠다면 공부할 때 나는 어떤 문제와 어려움이 있는지, 이를 해결하기 위해 어떤 습관이 필요한지를 생각해보는 것도 도움이 됩니다. 앞서 카이스트 습관 챌린지에 참여한 학생들의 습관들을 다시 보면서 참고하는 것도 좋습니다.

이런 과정을 통해서 내가 만들고 싶은 습관을 찾아나갈 수 있습니다. 어떤 습관을 갖고 싶은지, 왜 그 습관을 갖고자 하는지 의미와 목적을 명확히 하는 것, 이것이 습관 프로젝트의 시작입니다.

## 실패에 대한
## 두려움 내려놓기

습관 만들기에 대한 목표를 명확히 했다면 다음 순서는 '완벽하게 하려는 마음을 내려놓는 것'입니다. 다시 말해 실패에 대한 두려움을 버리는 것입니다.

완벽하게 하려는 마음은 때로 시작하는 것을 주저하게 만들기도 합니다. 새로운 일에 도전하지 못하고 망설이다가 기회를 놓치는 사람들 중 완벽주의자가 많다고 합니다. 실수나 실패가 두려워 아예 시작조차 하지 않기 때문이죠. 하지만 시작하지 않으면 아무것도 이룰 수 없고 아무런 변화도 가져올 수 없습니다. 습관 프로젝트를 시작할 때 중요한 것은 당장 시작할 수 있는 마음입니다.

실패에 대한 두려움을 내려놓는 방법은 실패할 수도 있다는 마음을 갖는 것입니다. 첫 시도에서 실패하는 것은 당연한 일입니다. 그동안 살아왔던 패턴과 다른 활동을 일상에 끼워 넣는 일이 단번에 되지는 않기 때문입니다. 또한 중간에 돌발 상황이 생기기도 하고 실행하기 어려운 날도 반드시 생깁니다. 학교나 학원 과제가 유난히 많거나 시험 준비가 힘들어서 실행하지 못할 수도 있습니다. 혹은 갑자기 아파서 못할 수도 있습니다.

그러니 실패할 수도 있고 실패해도 된다는 생각으로 시작해야 합니다. 그래야 실제로 위기가 왔을 때 크게 좌절하지 않고 다시 시작할 수 있습니다. 습관을 만들기 위한 노력은 여러 번의 실패와 시행착오를 통해 긍정적인 방향으로 한 걸음 나아가는 것입니다. 이 점을 꼭 기억하기 바랍니다.

우리의 습관은 여러 번의 실패를 통해서 경험이 쌓이고, 그 실패를 극복하기 위해 다양한 방법을 만들어가면서 자리를 잡습니다. 실패는 더 잘하기 위해 통과하는 과정 중 하나일 뿐입니다.

# 2단계
# 습관 선택하기

습관 만들기에 도전할 마음의 준비가 되었다면 이제 어떤 습관을 실천할지 정해야 합니다. 습관 만들기에 처음 도전할 때 중요한 것은 당장 시작하기에 부담이 없는 습관이어야 한다는 점입니다. 그러기 위해서는 서울대학교 습관 모임 '5분만'처럼 아주 작은 습관, 할 때마다 기분이 좋아지는 습관으로 시작하는 것이 좋습니다. 그리고 무엇을 어떻게 할지 스스로 결정하는 것이 핵심입니다.

# 작은 습관으로
# 시작하기

습관 프로젝트의 목표는 성공 경험을 만드는 것입니다. 일단 성공을 경험하기 위해서는 부담 없는 것으로 작게 시작하는 것이 최선입니다. 작은 습관의 시작은 사소하지만 끝은 사소하지 않을 겁니다. 시간이 힘을 보태기 때문입니다. 습관이 갖는 진정한 의미와 효과는 당장은 알기 어렵습니다. 그러나 분명한 건 시간이 쌓였을 때 그 진가를 확인할 수 있다는 점입니다. 그러니 매일 조금씩 쌓아간다는 마음으로 최대한 습관을 작게 만들면 좋습니다.

앞에서 자신이 만들고 싶었던 습관 중 제일 사소한 습관, 가장 작은 습관을 생각해보시기 바랍니다. 지금 당장 일어나서 시작한다고 생각해도 부담 없는 것이어야 합니다. 부모님이나 친구들이 "겨우 그거야?"라고 할 정도의 것이면 아주 훌륭합니다. 그렇게 쉽고 간단한 것으로 시작해야 중간에 위기 상황이 발생해도 지속할 수 있습니다.

습관을 만드는 과정에서 중요한 건 크기가 아니라 지속성입니다. 작은 성공 경험이 쌓이고 모이면 아주 놀라운 성취감으로 연결되고 큰 변화를 가져오게 됩니다. 작지만 꾸준히 한다는 생각으로 습관 만들기를 시작해봅시다.

## 기분이 좋아지는 습관
## 선택하기

습관을 지속하기 위해서는 기분 좋은 느낌이 필요합니다. 하고 나서 기분 좋은 느낌이 들어야 다음 날 또 하고 싶어집니다. 기분 좋은 느낌이 들기 위해서는 내가 좋아하는 것부터 시작하는 것이 중요합니다. 매일 무엇을 할 때 기분이 좋은가요? 그것부터 잘 생각해봅시다. 그 느낌이 생생할수록 습관을 지속하게 만드는 동기가 생길 것입니다.

책 읽기를 좋아한다면 매일 시간을 정해놓고 꾸준히 책을 읽거나, 짧은 소감을 적는 습관을 정해봅시다. 아침 운동을 좋아한다면 일어나서 10분 동안 스트레칭을 할 수도 있습니다. 내가 좋아하는 일, 내가 원해서 하는 일이라면 매일 하는 것이 그리 어렵지 않을 것입니다.

# 자랑할 수 있는 습관
## 선택하기

기분이 좋아지는 습관을 선택하라고 해서 게임하기나 유튜브 보기를 습관으로 정하는 학생들은 없겠죠? 습관을 선택할 때 주의해야 할 점이 있습니다. 나만 기분 좋은 것이 아니라 다른 사람들에게 자랑하기에도 좋은 습관을 정해야 한다는 것입니다. 매일 조금씩 문제집을 풀거나 단어를 외우거나 운동을 지속하는 것은 누구에게나 마냥 쉽지만은 않습니다.

그래서 그 습관을 100일 동안 지속했다면 대부분 부러워하고 축하해줄 것입니다. 그 축하는 나에게는 다시 성공 경험이 되겠죠. 나아가 또 다른 습관에 도전할 수 있는 의미와 동기를 만들어줍니다. 이렇게 작은 성취가 또 다른 성취를 부르며 선순환 구조를 만들 수 있습니다.

인스타그램이나 유튜브를 보면 다양한 프로젝트에 도전하는 사람들이 있습니다. 그런 사람들의 게시물을 보면 어떤 생각이 드나요? 대체로는 그 사람들이 멋지다고 생각할 것입니다. 그리고 나도 그렇게 되고 싶다는 생각이 들겠죠. 실제로 그렇게 게시물을 올리는 인플루언서들은 다른 사람들이 보내주는 칭찬과 부러움이 그 활동을 유지하는 가장 큰 원동력입니다. 그러니 우리도 기분이 좋아지고 남에게 자랑할 수 있는 습관을 선택해서 시작할 수 있습니다.

## 스스로
## 결정하기

습관 챌린지에 도전한 학생들의 성공 비결 중 하나는 자율성이었습니다. 자율성은 스스로 어떤 행동을 하도록 하는 가장 강력한 동기입니다. 내가 직접 선택하고 결정했을 때 결정한 것을 책임지려는 의지가 강해지기 때문입니다.

현재 나에게 어떤 습관이 필요한지, 나쁜 습관을 개선하는 게 시급한지, 혹은 좋은 습관을 더 발전시키고 싶은지 스스로 생각해야 합니다. 그리고 신중하게 고민해서 판단한 후에는 직접 결정하는 것이 좋습니다. 실제로 그 습관을 매일 실천할 사람은 나 자신이기 때문입니다.

물론 부모님과 함께 상의해서 정할 수도 있습니다. 하지만 부모님은 의논 상대 혹은 조언자가 되어야 합니다. 중요한 것은 부모님의 의견을 그대로 따르는 게 아니라 부모님의 의견을 참조해 내가 진지하게 고민해서 스스로 결정하는 것입니다. 어떤 습관으로 시작해도 괜찮습니다. 여러 번 이야기했듯이 내가 스스로 결정할수록 성공 확률도 그만큼 올라갑니다.

또한 습관 프로젝트의 목표를 스스로 정하는 것도 중요합니다. 습관이라는 것은 어떤 성과가 나타났을 때 성공했다고 할 것인지 애매할 수 있습니다. 그렇다고 끝도 없이 마냥 할 수는 없으니 결과를 확인할 수 있는 목표를 스스로 정하는 게 좋습니다.

예를 들어 100일 동안 꾸준히 하는 것을 목표로 할 수도 있습니다. 또는 노트 한 권을 채우는 것을 목표로 할 수도 있겠죠. 습관 유형에 따라 스스로 목표를 정하는 게 필요합니다. 이렇게 아주 작은 습관 목표를 정해서 실천해보는 것, 이것이 자기주도학습 습관을 키우는 두 번째 단계입니다.

# 3단계
# 습관 계획하기

습관 마인드를 갖추고 나에게 맞는 습관을 선택했다면, 이제는 습관을 어떻게 실행할 것인지 구체적으로 계획해야 합니다. 무턱대고 열심히 한다고 해서 습관이 저절로 실행되는 것은 아닙니다. 무슨 일이든 효과적으로 실행할 수 있는 전략이 필요합니다. 습관은 자주 반복해야 하기 때문에 습관을 언제, 어떻게 실행할 것인지는 매우 중요합니다. 그리고 최대한 에너지를 아낄 수 있는 방향으로 진행해야 합니다.

## 습관을 실천하기 위한
## 시간과 장소 정하기

작은 습관을 하나 정했다면 이 습관을 매일 언제, 어디서 실천할지 정하는 것이 필요합니다. 이를 위해서는 먼저 내 생활 패턴을 파악해봐야 합니다. 학교 일과와 나머지 정해진 일정들을 기록해보면 자신이 활용할 수 있는 시간을 파악할 수 있습니다.

우리가 정한 습관 자체가 작기 때문에 어느 시간대에 해도 상관없이 할 수 있을 겁니다. 하지만 습관으로 만드는 게 목적이라면 시간을 정해놓고 하는 것이 좋습니다. 그렇게 루틴이 되면 내 생활의 일부로 만들기 더 쉽습니다. 자신의 생활 패턴을 파악해서 시간을 정하는 것이 어려울 수도 있습니다. 그럼 깨어난 직후나, 잠자기 직전처럼 다른 사람들의 방해 없이 온전히 나에게 집중할 수 있는 시간으로 정하는 것도 하나의 방법입니다.

시간을 정하는 또 한 가지 효과적인 전략은 매일 반복되고 있는 내 생활에 습관을 슬쩍 끼워 넣는 것입니다. 예를 들면 매일 버스를 타는 학생이라면 버스 타는 행동에 습관을 끼워 넣을 수 있습니다. '버스를 타면 무조건 책을 세 페이지 이상 읽는다' 하는 식으로요. 다른 상황도 가능합니다. '수학 수업을 시작

하면 무조건 포스트잇을 꺼내서 첫 문제 풀이를 따라 써본다',
'잠자리에 들기 전에 무조건 하루에 잘한 일 세 가지를 써서 벽
에 붙인다'와 같이 얼마든지 다양하게 만들 수 있습니다.

이렇게 매일 정해진 활동들 사이에 습관을 끼워 넣으면 실
천 타이밍을 100퍼센트 확실하게 정할 수 있습니다. 1주일 내
내 지키는 게 어렵다면 5일만 지키는 것으로 계획할 수도 있습
니다. 그래도 괜찮습니다. 주 7일을 모두 채워야 한다는 압박감
에서 벗어나면 좀 더 시작하기가 쉽고 지속하기도 쉽겠죠.

치팅데이cheating day라고 들어보았나요? 다이어트를 하는 사
람들은 식욕을 너무 억제하다 보면 한순간 폭식을 할 수 있습
니다. 그래서 1주일이나 한 달에 하루 정도를 정해놓고 마음 놓
고 먹는 날을 치팅데이라고 합니다. 예기치 못한 폭식을 막기
위해 자발적으로 마음껏 먹는 날을 자신에게 선물하는 거죠. 습
관을 만드는 데도 치팅데이가 필요합니다. 1주일에 하루나 이
틀은 쉬어가는 시간을 포함해서 계획을 짜면 좋습니다.

다음으로는 습관을 실천하기 위한 장소나 환경을 정해야 합
니다. 습관 시간대와 함께 적절한 환경을 만드는 것이 습관 계
획하기의 핵심입니다. 공부 습관이라면 평소에 공부하는 장소
또는 자신이 가장 잘 집중되는 장소로 정하면 됩니다.

## 습관을 쉽게 지속하는
## 창의적 방법 생각하기

이 외에 생각해볼 것은 가장 에너지를 적게 쓰고 습관을 실천할 수 있는 방법을 찾는 것입니다. 포스트잇이나 노트 등을 찾는 노력을 줄이는 것도 좋습니다. 습관을 실천할 장소나 책상에 미리 꺼내놓고 언제든 쓸 수 있도록 준비를 해둡니다. 매일 기록해야 한다면 미리 포스트잇에 날짜를 써놓고 잘 보이는 곳에 붙여두는 방법도 있습니다. 이처럼 습관을 실행하고 유지하기 쉬운 전략을 고민해서 창의적 해법을 찾을 수 있습니다.

또 다른 창의적인 방법을 한번 살펴볼까요? '하루에 물 2리터 마시기'를 습관으로 선택한 학생이 있었습니다. 그런데 문제는 하루에 물을 얼마나 마셨는지 확인하는 게 쉽지 않고 번거롭다는 거였어요. 물 마시기를 위한 다양한 방법들이 시도되었죠. 결국 가장 효과적인 방법은 2리터짜리 물 30개를 사서 하루 중 가장 많은 시간 동안 머무는 곳에 두고 하나씩 먹어서 없애는 것이었습니다. 물병에 날짜를 써두는 방법도 있었답니다. 눈으로 보고 바로 확인할 수 있는 효과적인 전략이었습니다.

습관을 실천하는 데 있어서 사소한 것은 없습니다. 우리의 의지를 꺾는 것은 가방을 열어서 포스트잇이나 펜을 찾거나, 책을 한 번 더 펼쳐서 봐야 하는 등 아주 작은 것들입니다. 큰 장애물만 방해가 되는 것은 아니란 뜻입니다.

애플 창업자인 스티브 잡스는 매일 똑같은 옷을 여러 개 사두고 그것만 입을 정도로 자신의 에너지를 아낀 것으로 유명합니다. 옷 고르는 시간에 쏠 에너지를 다른 데 쓴 것입니다.

이렇게 에너지를 아끼고 습관 실천을 위한 환경을 최대한 쉽게 만드는 것은 매우 중요합니다. 왜 그럴까요? 습관 실천에 방해가 되는 요소를 최대한 없앰으로써 더 쉽게 더 잘 수행할 수 있기 때문입니다. 의지와 노력이 많이 필요한 어려운 방법들은 실패할 확률이 더 클 수밖에 없습니다. 어떻게 하면 힘들이지 않고 습관을 실천할 수 있는지, 다양한 방법을 창의적으로 생각해봅시다. 분명 도움이 될 것입니다.

## 습관 결과 관리와
## 보상 계획하기

마지막으로 습관이 최종 완성되었을 때 결과물의 모양을 생각해볼 수 있습니다. 매일매일 실천하는 습관의 결과를 눈에 보이게 관리함으로써 습관의 실천에 확실한 동력을 마련하는 방법이죠. 예를 들어 수학 개념 노트를 과정별로 만든다거나, 포스트잇 풀이를 노트에 모아서 오답 노트를 만드는 것을 습관의 결과물로 생각해볼 수 있습니다. 이는 하루하루의 결과가 모여 한 달이나 두 달 후, 큰 성과로 누적되는 것을 눈으로 확인할 수 있는 대표적 방법입니다.

누적된 것을 확인하면 지금까지 노력한 게 아까워서 포기하고 싶은 순간에 다시 힘을 낼 수 있습니다. 또 이러한 결과들을 모아서 인스타그램이나 페이스북 등 SNS 계정과 연결해 올릴 수도 있습니다. 나의 습관 활동들을 SNS에 올려 다른 이들과 공유하는 건 매우 효과적인 기록 방법이며 동기부여에도 역시나 효과적입니다. 이렇게 다른 사람에게 자랑하기 쉬운 형태로 저장하는 것은 여러모로 꽤 도움이 됩니다.

누적된 결과물이 학생들에게 결정적으로 큰 도움이 될 때가 있습니다. 바로 고등학교, 대학교 진학을 위해 자기소개서 쓸 때입니다. 자기소개서에는 자신이 어떤 분야에 흥미를 갖고 어떤 활동을 했는지 기록하는 부분이 있습니다. 여기에 그동안 했던 습관 활동들을 모두 적습니다. 그리고 그 과정에서 느꼈던 어려움과 성공 경험, 그 활동으로 인한 변화 등을 기록할 수 있습니다. 이렇게 한다면 차별성을 가진 훌륭한 자기소개서가 될 것입니다.

습관 만들기에 성공했을 때 스스로에게 어떻게 보상할지를 계획하는 것도 중요합니다. 보상은 내가 나 자신에게 할 수도 있고 부모님이나 친구들의 협조를 얻을 수도 있습니다. 습관 목표를 정해놓고 이를 달성하는 것은 매우 어렵고 의미 있는 일입니다. 어쩌면 인생에서 가장 큰 성공을 경험하는 일일 수도 있습니다. 성공 경험이 일회성에 그치지 않고 누적될 수 있도록 동력을 만들어줄 필요가 있습니다. 그러니 이에 대한 칭찬과 보상은 당연히 필요하며, 보상 계획을 미리 세워두고 실천하는 것도 효과적인 방법입니다.

예를 들어 대치동의 학습센터에서는 100일 단위로 습관을 실천하고 100일 상장을 제공합니다. 단순한 보상일 수 있지만, 작은 성공을 확인해주는 증거가 되기 때문에 학생들은 100일 상장을 매우 의미 있게 생각합니다. 이처럼 사소하지만 자신에게 힘을 줄 수 있는 보상에 대해 미리 계획해봅시다. 적절한 칭찬과 보상은 앞으로 한 걸음 나아가게 하는 가장 훌륭한 동력이 될 수 있습니다.

# 4단계
# 습관 시작하고 유지하기

습관 실천 계획을 세우고 첫발을 내디뎠다면 이제부터는 지속하는 것이 중요합니다. 습관을 시작하는 것도 쉽지 않지만, 그것을 꾸준히 실천함으로써 지속해나가는 것도 쉽지 않습니다. 따라서 습관을 시작하는 것만큼이나 유지하는 것도 중요합니다. 하루하루 습관을 실천하고, 그것을 꾸준히 지속하기 위해서는 어떻게 해야 할까요? 습관을 지속하도록 해주는 몇 가지 방법을 살펴봅시다.

# 누적 숫자
## 기록하고 확인하기

앞서 작은 습관의 힘은 시간의 누적에서 나온다는 것을 확인했습니다. 시간이 누적된다는 것을 어떻게 알 수 있을까요? 바로 구체적인 숫자로 기록하는 것입니다. 오늘부터 수학 문제 다섯 개를 풀기 시작했다면 오늘의 기록은 5/5가 됩니다. 오늘 푼 문제가 다섯 개, 누적된 숫자가 다섯 개라는 의미입니다.

그렇다면 10일 후에는 어떤 숫자가 기록될까요? 5/50이 될 것입니다. 하루에 다섯 개씩 풀었으니 어느새 50개의 문제를 풀게 된 것이죠. 시간도 마찬가지입니다. 10분간 달리기를 10일 동안 했다면 10일 차의 누적 숫자는 10/100이 됩니다.

이렇게 매일 적다 보면 앞의 숫자는 그날의 활동에 따라 줄어들거나 늘어날 수도 있습니다. 그러나 뒤에 있는 누적 숫자는 증가하거나 그대로 유지됩니다. 절대 줄어들지 않습니다.

누적 숫자를 기록하면 내가 한 노력을 숫자로 확인할 수 있고, 증가하는 숫자들을 보면서 매일매일 성취감을 느낄 수 있습니다. 시각적으로 자기가 성취한 걸 바로 확인하도록 하는 건 매우 큰 도움이 됩니다.

## 중간중간 점검하고
## 계획 조정하기

습관을 매일 지속하는 게 어렵다면 계획을 한번 점검해보는 것도 필요합니다. 앞서 우리는 작은 습관으로 계획을 세웠지만 그 습관이 충분히 작지 않아서 실천하기 버거울 수도 있습니다. 또 내가 생각했던 시간과 환경이 습관을 실천하는 데 적절하지 않을 수도 있습니다. 반대로 너무 작은 습관이라 실천하는 데 노력이나 시간이 거의 들지 않을 수도 있습니다.

이 두 가지 경우 모두 진행 상황을 점검하면서 계획을 조정하는 것이 필요합니다. 계획을 조정하기 위해 먼저 생각해봐야 할 것은 습관의 유형입니다. 예를 들면, 친구의 노트 정리 방법이 좋아서 그걸 습관으로 정했는데 친구의 노트 정리 방법이 나한테는 잘 안 맞을 수 있습니다. 혹은 처음부터 시도하기에는 너무 어려울 수도 있습니다. 이럴 때는 노트 필기를 하되 매일 여러 가지 방법을 시도하면서 나에게 맞는 방법을 찾아나가는 것으로 계획을 변경하면 됩니다.

그다음으로는 습관의 횟수, 분량이 적절한지 확인해보는 것입니다. 지금 하고 있는 것이 매일 스트레스가 쌓일 정도로 너무 부담스럽지는 않나요? 아니면 너무 쉬워서 노력이 하나도 안 들고, 하나 안 하나 큰 차이가 없는 것은 아닌가요? 시간과 장소도 다시 한번 점검해봐야 합니다. 내가 계획한 시간이 습관을 실천하는 데 적절한지, 장소가 혹여 방해 요소로 작용하는 건 아닌지 체크할 필요가 있습니다.

마지막으로 습관 실천 방법입니다. 습관 프로젝트를 진행하다 보면 습관을 실천하기까지의 과정이 번거롭거나 실천 방법이 복잡해서 중도에 포기하는 경우가 있습니다. 이럴 때는 좀 더 효율적인 방법을 고민해보고, 계획을 수정하면 됩니다. 처음에 세웠던 계획을 그대로 실천하는 것이 무조건 좋은 것은 아닙니다. 시행착오를 경험하면서 나에게 맞는 습관을 찾아나가는 것, 그것이 습관 프로젝트의 목표입니다.

## 친구나 가족과
## 공유하기

누적 숫자만으로도 스스로 동기를 부여하면서 습관을 지속하는 학생들도 있습니다. 하지만 혼자 습관을 실천하는 것이 어렵거나 매일 누적되는 숫자를 자랑하고 싶을 수도 있을 것입니다. 실제로 습관을 실천할 때는 혼자 하는 것보다 가족이나 친구들과 함께 하는 것이 훨씬 효과적입니다.

카이스트 습관 챌린지 참여자들도 이야기했듯이, 친구들의 활동을 보면서 자극이 되고 더 열심히 하려는 의지가 생겼다고 합니다. 습관을 같이 실천할 친구들을 찾아봅시다. 친구들과 단톡방을 만들어서 습관을 공유해보면 어떨까요? 친구들과 모임을 만드는 것이 어렵다면 가족들과 함께 하는 것도 방법입니다. 가족끼리 각자 습관을 정해서 매일 저녁식사 시간에 결과를 공유하거나 가족 단톡방에 공유할 수도 있습니다.

친구들과 함께 하겠다고 마음먹었다고 해서 꼭 잘하는 친구를 찾아야 할 필요는 없습니다. 누군가와 함께 정해진 규칙에 따라 습관 결과를 공유하고 다른 사람들의 습관 활동을 통해서 건강한 자극을 받으며 공감대를 형성하면 됩니다. 그러면 혼자 하는 것보다 지속할 가능성이 높습니다.

또한 자신의 습관 결과물을 SNS에 꾸준히 기록하는 것도 좋은 방법입니다. 온라인에 기록을 남기고, 그곳에서 타인의 응원 댓글이나 의견을 받으며 교류한다면 친구들과 함께 하는 것과 비슷한 효과를 거둘 수 있습니다. 공부에 방해가 되지 않는 선에서 습관 전용 SNS 채널을 운영하면 나중에 노력을 증명하기도 훨씬 쉽고, 여러모로 도움이 될 것입니다.


## 실패해도 좌절하지 않고
## 다시 도전하기


습관을 지속하는 가장 마지막 요소는 실패해도 다시 도전하는 탄력성입니다. 탄력성은 제자리로 돌아오는 힘을 뜻합니다. 습관을 실천하다 보면 아무리 작은 습관이라도 예상하지 못한 돌발 상황이 생길 수 있습니다. 그래서 며칠간 연이어 계획대로 실천하지 못하면 실패로 이어질 가능성이 큽니다. 이때 필요한 것이 다시 제자리로 돌아오는 유연함, 즉 탄력성입니다.

더구나 우리는 아직 습관을 연습하면서 배워나가는 초보자입니다. 그러니 실패하고 시행착오를 겪는 것은 당연한 일입니다. 또한 학습 습관을 실천하다 보면 자신이 선택한 방법이 생각보다 도움이 안 되거나 효율적이지 않을 수도 있습니다.

예를 들어볼까요. 노트 정리에도 개념 노트, 암기카드, 백지 노트 등 다양한 방법이 있습니다. 이 중 나한테 맞는 방법을 찾는 게 중요합니다. 단어를 외우더라도 영어 원서의 단어를 볼 것인지, 단어장을 구입할 것인지, 영어 문장으로 만들어 외울 것인지 다양한 선택지가 있습니다. 하나씩 해보면서 O, X 게임처럼 자신에게 맞는 방법인지 아닌지 확인해나가야 합니다. 그런 후 맞지 않는 것을 지워나가는 것이죠.

그 과정에서 경험하는 실패를 당연한 과정으로 생각하고 아무 일 없었던 것처럼 다시 시작하는 것이 필요합니다. 조금은 어설프게 시작해도 괜찮습니다. 실패하고 재도전하고 수정하면서 습관을 발전시키는 것이 더 중요합니다. 무엇이든 시도하면 성공하든 실패하든 삶에 변화가 일어납니다. 반면 시도조차 하지 않으면 아무 일도 일어나지 않겠죠. 그러니 습관을 선택하고 시도할 때는 언제든 실패할 수 있다는 것을 미리 염두에 두어야 합니다.

실패해도 다시 도전한다면 우리의 습관은 절대로 실패로 끝나지 않습니다. 분명 우여곡절 끝에 잘되는 긍정적인 성공 스토리를 만들 수 있을 것입니다. 다시 도전하는 과정에서 부모님과 친구들의 응원과 지지도 큰 힘이 될 수 있습니다. 힘이 필요하다면 주변의 편한 사람에게 언제든 도움을 요청하고 지지를 부탁해보시기 바랍니다.

# 5단계
# 습관 성찰하고 평가하기

습관을 위한 마인드를 갖추고, 습관을 직접 선택해서 계획을 세우고, 실제로 시작해서 유지할 때의 전략들을 살펴보았습니다.

이제 마지막 단계입니다. 그동안의 습관 활동들을 돌이켜보고, 나의 변화를 스스로 느끼면서 성찰하고 그에 따른 보상을 하는 것이 필요합니다. 이러한 것들에 대해서 자세히 살펴보도록 합시다.

# 습관 결과
# 평가하고 보상하기

목표를 정하고 습관 프로젝트를 성공적으로 끝냈다면 자신이 했던 노력들이 어떤 의미가 있는지, 스스로 얼마나 성장했는지 확인하는 것이 필요합니다. 습관을 실천하면서 경험했던 것들과 자신의 변화에 대해서 하고 싶은 이야기가 많을 것입니다. 그리고 새삼 작은 습관 하나를 시작해서 유지한다는 것이 얼마나 어려운 일인지, 또 얼마나 의미 있는 일인지도 깨달았을 겁니다.

그동안 했던 습관들이 나에게 준 변화를 스스로 이해하고 느낄수록 다음 습관을 지속할 수 있는 큰 원동력이 됩니다. 습관을 지속하면서 경험하고 변화된 것들을 기록해봅시다. 한 가지 방법은 자랑일기를 써보는 것입니다. 변화의 방향에는 긍정적인 것과 부정적인 것이 있습니다. 자존감을 높이기 위해서는 부정적인 변화보다는 긍정적인 변화에 집중하는 것이 좋습니다. 자랑일기를 쓰다 보면 내가 미처 알지 못했던 나의 긍정적인 면들을 찾을 수도 있습니다.

나의 변화를 주관적으로 평가하고 확인했습니다. 이제 객관적인 지표로 확인하는 것도 필요합니다. 카이스트 습관 챌린지에 참여했던 학생들의 경우 그릿, 자기통제력, 자기효능감이 높아졌음을 앞서 살펴봤습니다. 우리도 몇 개의 질문들을 통해 자신의 변화를 객관적으로 확인해볼 수 있습니다.

습관 프로젝트의 마지막 단계는 스스로에게 보상을 하는 것입니다. 우리는 3단계 습관 계획하기에서 습관 프로젝트에 성공하면 어떤 보상을 할지 계획을 세웠습니다. 그러니 습관 프로젝트가 끝난 후 성공한 자신에게 반드시 보상을 해줘야 합니다. 그게 상장이든 작은 선물이든 부모님과 친구들의 칭찬이든 상관없습니다. 그동안 노력했던 나를 축하해주는 것이면 뭐든 좋습니다. 이왕이면 가까이에 두고 볼 수 있는 것이면 더 좋습니다. 볼 때마다 성취를 확인하고, 자신에 대한 믿음과 신뢰가 높아질 수 있을 테니까요.

서울대학교 습관 모임에 참여한 사람들도 습관 유지 100일에 성공할 때마다 상장을 받았습니다. 이를 자신의 SNS에 올리거나 방에서 가장 잘 보이는 곳에 두었다고 합니다. 그리고 그 상장을 볼 때마다 기분이 좋아지고 그 습관을 지속해야겠다는 의지가 생긴다고 이야기합니다.

# 새로운 습관에
# 도전하기

우리가 하나의 습관을 내 것으로 만드는 데 성공했다면, 다음 습관에 도전하는 것은 훨씬 쉬워집니다. 성공의 경험을 통해 해낼 수 있다는 스스로에 대한 믿음이 생겼기 때문입니다. 카이트스 습관 챌린지에 도전한 학생들도 대부분 새로운 습관에 도전해보고 싶다고 했습니다. 또한 실제로 다음 습관 챌린지를 다시 신청한 학생들이 많았습니다.

습관 프로젝트를 통해 자신감이 생겼다면 또 다른 습관을 정해서 도전 계획을 세워보기 바랍니다. 이번엔 조금 더 어려운 습관이어도 괜찮습니다. 이미 한 번의 경험이 있으니 처음처럼 두렵고 부담스럽게 느껴지지 않을 것입니다.

이렇게 하나의 습관을 힘들이지 않고 실천할 수 있게 되었다면 새로운 습관을 통해 자신이 원하는 습관들을 만들어나가는 것이 조금 더 쉬워집니다. 그리고 이러한 습관들이 쌓여 자기주도적인 학습뿐만 아니라 자기주도적인 삶을 살아갈 수 있게 됩니다.

# 최고의 변화를
# 만드는
# 60일 습관 챌린지
# 워크시트

KAIST

습관 챌린지의 단계별 전략을 잘 기억하고 따라 한다면 누구나 자기만의 학습 습관을 만들 수 있습니다. 여기서는 습관 만들기의 핵심 전략을 실천하며, 나만의 60일 습관 챌린지를 진행해보려 합니다. 습관 챌린지를 진행하는 과정에서 가끔은 어려움을 겪을 수도 있습니다. 하지만 작은 성공을 거듭하고 그것을 통해 성장할 자신의 모습을 상상하면서 도전해봅시다.

## 습관 챌린지를 위한 동기부여하기

습관 챌린지에 도전하는 이유, 그리고 챌린지를 통해 내가 갖고 싶은 습관은 무엇인지 다음 질문들을 통해 찾아봅시다.

여러분이 갖고 싶은 좋은 습관은 무엇인가요?

여러분이 개선하고 싶은 습관은 무엇인가요?

공부하면서 느끼는 가장 큰 어려움은 무엇인가요?

그 어려움은 어떤 습관으로 해결할 수 있을까요?

주변 친구들이나 가족의 습관, 또는 3부에서 소개된 학생들의 습관 중에 내가 만들고 싶은 습관이 있나요?

- 습관 챌린지에 도전하는 이유는 무엇인가요?

- 나만의 습관 챌린지 이름을 정해봅시다.

- 습관 챌린지에 참여하며, 여러분의 다짐을 적어봅시다.

## Day 2 | 습관 선택하기

60일 습관 챌린지를 통해 내가 만들고 싶은 습관을 스스로 정해봅시다. 혼자 정하기 어렵다면 부모님과 상의해서 정해도 좋습니다.

습관을 정했다면 다음 항목을 체크해봅시다.

매일 부담 없이 할 수 있는 작은 습관인가요?   예 ☐  아니요 ☐

실천할 때마다 기분이 좋아지는 습관인가요?   예 ☐  아니요 ☐

부모님이나 친구들에게 자랑할 수 있는
습관인가요?                              예 ☐  아니요 ☐

중간에 습관을 실천하지 못하는 상황이
생기더라도 바로 다시 시작할 수 있는
부담 없는 습관인가요?                     예 ☐  아니요 ☐

※ 어떤 습관을 정할지 어렵다면 아래 자기 점검 항목을 통해 스스로를 점
  검해봅시다. '아니요'가 가장 많은 항목에 해당하는 습관을 우선적으로
  선택해서 실천해보는 것도 좋습니다.

| 구분 | 자기 점검 항목 | 예 / 아니요 | 관련 습관 |
|---|---|---|---|
| 기억과 이해 | 한 주 동안 배운 내용이나 노트 필기한 내용에 대해서 1~2주 안에 나만의 방식으로 다시 정리한다. | ☐ / ☐ | 요약 노트 만들기 개념 노트 만들기 암기 카드 만들기 영어 단어 외우기 |
| | 나는 공부할 때 중요한 내용을 따로 정리한다. | ☐ / ☐ | |
| | 나는 공부할 때 수업 시간에 노트에 필기한 것을 검토하고 중요한 개념들의 개요를 만든다. | ☐ / ☐ | |

| | | | |
|---|---|---|---|
| 복습 | 공부할 때는 내가 배운 것을 반드시 확인한다. | □ / □ | 문제집 풀기<br>서술형 풀이 쓰기<br>오답 노트 만들기 |
| | 그날 배운 내용은 어떻게 해서든 그날 복습한다. | □ / □ | |
| | 시험 시간에 따로 공부하지 않더라도 어느 정도의 성적을 받을 수 있을 만큼 평소에 공부한다. | □ / □ | |
| 메타<br>인지 | 나는 공부할 때 가장 중요한 내용을 기억하고 있는지 확인한다. | □ / □ | 백지 노트<br>작성하기<br>공부한 내용<br>설명하기 |
| | 나는 공부할 때 확실히 이해하지 못한 내용이 있는지 파악하려고 노력한다. | □ / □ | |
| | 나는 새로운 내용을 공부할 때 아는 내용과 모르는 내용을 구분하려고 노력한다. | □ / □ | |
| 시각<br>관리 | 내기 계획한 공부 시간표를 지킨다. | □ / □ | 플래너 작성하기<br>체크리스트<br>활용하기 |
| | 공부에 충분한 시간을 사용한다. | □ / □ | |
| | 나는 학교 수업 이외에 공부 시간을 잘 활용한다. | □ / □ | |
| 환경<br>관리 | 집중할 수 있는 장소에서 공부한다. | □ / □ | 책상 정리하기<br>스톱워치 켜놓고<br>공부하기<br>스마트기기 반납하고<br>공부하기 |
| | 나는 공부나 어떤 일을 할 때 시간 가는 줄 모르고 집중한다. | □ / □ | |
| | 나는 공부할 때 지루하더라도 해야 할 일이라면 몇 시간씩 앉아서 집중한다. | □ / □ | |
| 정서<br>관리 | 나는 내가 느끼는 감정이나 기분을 잘 조절하는 편이다. | □ / □ | 프라이드 월 만들기<br>책 읽기<br>매일 3,000보 걷기<br>시 쓰기<br>명언 쓰기 |
| | 나는 우울한 기분이 들 때, 즐거워질 수 있는 나만의 방법을 생각한다. | □ / □ | |
| | 나는 나 자신(예 : 성격, 성적, 건강, 외모 등)에 만족한다. | □ / □ | |

**Day 3**

## 습관 실천
## 계획 세우기

이제 습관을 정했다면 습관 실천 계획을 세워봅시다. 습관
실천 계획을 세우는 게 어렵다면, 뒤에 있는 생활 패턴 분석표
를 활용해서 계획을 세워보세요. 우선은 내가 정한 습관을 1주
일에 몇 번, 그리고 언제 실천할지 정해봅니다. 매일 하는 것을
목표로 하지 않아도 괜찮습니다. 1주일에 하루나 이틀은 충분
히 쉴 수 있는 시간을 고려해서 계획해봅시다.

| | |
|---|---|
| **횟수** | (예) 주 3회 |
| **습관 요일 / 시간** | (예) 월, 수, 금<br>학교 수업 마치고 집에 돌아와서 |

습관을 지속해서 실천할 수 있는 장소와 자신만의 창의적인
방법을 생각해봅시다.

| 장소 | (예) 내 방 |
|------|-----------|
| 나만의 방법 | (예) 언제라도 포스트잇 정리 노트를 쓸 수 있도록 책상에 포스트잇 뭉치 놔두기 |

습관 챌린지를 진행하다 보면 여러 가지 어려움이 생겨 습
관을 실천하지 못할 수도 있습니다. 어떤 어려움이 있을지, 어
떻게 극복할지 미리 생각해두면 어려움이 닥쳤을 때 당황하지
않고 다시 시작할 수 있습니다. 한번 생각해볼까요?

| 예상되는 어려움 | 극복 방안 |
|----------------|-----------|
| (예) 가족과 여행 가기로 했어요. | (예) 여행하는 동안 해야 할 분량 미리 해두기 |

습관 챌린지를 성공적으로 마친 후, 자신에게 어떤 보상을 해주고 싶은지 미리 정해봅시다. 나의 성공을 오래 기억할 수 있는 보상일수록 더 좋습니다.

(예) 나에게 셀프 상장을 만들어서 방에 걸어두기
(예) 평소에 가지고 싶었던 신발을 나에게 선물하기

## ※ 생활 패턴 분석하기

아래 표에 나의 일과를 적고, 습관을 언제 실천할지 추가해 보세요.

|      | 월 | 화 | 수 | 목 | 금 | 토 | 일 |
|------|----|----|----|----|----|----|----|
| 오전 |    |    |    |    |    |    |    |
| 오후 |    |    |    |    |    |    |    |
| 저녁 |    |    |    |    |    |    |    |

**Day 4 ~ Day 9**

## 습관 실천 및 유지하기

　　습관 계획을 세웠다면 매일 습관을 실천하고 꾸준히 지속해 보세요. 습관을 실천하고 하루 한 칸씩 체크해보세요.

| Day 4 | Day 5 | Day 6 | Day 7 | Day 8 | Day 9 |
|-------|-------|-------|-------|-------|-------|
| ○ |  |  |  |  |  |

"성공하겠다는 결심이 그 무엇보다 중요합니다."

_에이브러햄 링컨

계획한 것을 잘 실천하고 있나요? 습관을 매일 지속하는 것이 쉽지만은 않을 거예요. 나의 성공적인 습관 챌린지를 위해 응원의 한마디를 적어보세요.

**Day 10**

# 습관 계획
# 점검하기

Day 10까지 습관을 잘 실천하고 있나요? 혹시 실천하기 힘들다면 나에게 맞도록 습관 계획을 조정하면 됩니다. 그러니 너무 걱정하거나 부담을 갖지 않아도 됩니다.

| | |
|---|---|
| 매일 실천할 수 있는 작은 습관인가요? | 예 □ 아니요 □ |
| 내가 정한 시간에 습관을 실천하는 데 문제는 없나요? | 예 □ 아니요 □ |
| 내가 정한 장소는 습관을 실천하기에 효과적인 곳인가요? | 예 □ 아니요 □ |

## 만일 습관을 실천하기 어렵다면 그 이유는 무엇인가요?

(예) 스터디 플래너 쓰기 습관을 아침에 일어나서 하기로 했는데, 기상 시간을 맞추는 것이 어려워요.

## 나에게 맞게 습관 계획을 어떻게 조정하면 좋을까요?

(예) 플래너를 아침 대신 전날 밤에 쓰는 것으로 할게요.

**Day 11 ~ Day 29**

## 습관 실천 및 유지하기

　나에게 맞는 습관 계획이 무엇인지 점검해봤나요? 시행착오는 여러분을 더욱 단단하게 만들어줄 거예요. 다시 한번 목표를 떠올리면서 습관을 실천하고 하루 한 칸씩 체크해보세요.

| Day 11 | Day 12 | Day 13 | Day 14 | Day 15 | Day 16 | Day 17 |
|--------|--------|--------|--------|--------|--------|--------|
| ○ |        |        |        |        |        |        |

| Day 18 | Day 19 | Day 20 | Day 21 | Day 22 | Day 23 | Day 24 |
|--------|--------|--------|--------|--------|--------|--------|
|        |        |        |        |        |        |        |

| Day 25 | Day 26 | Day 27 | Day 28 | Day 29 |
|--------|--------|--------|--------|--------|
|        |        |        |        |        |

습관을 잘 실천하고 있나요? 다시 한번 내가 세운 목표를 생각해보고 작성해봅시다.

조금 지칠 때는 습관이 완성된 후 달라진 나의 모습을 상상해보세요. 챌린지를 성공적으로 마친 후 나 자신이 어떻게 달라졌을지 작성해봅시다.

Day 30

**중간 점검! 그동안 쌓인 결과를 숫자로 확인하기**

지금까지 습관을 며칠 동안, 얼마나 성공했나요?

| Day 1 | Day 2 | Day 3 | Day 4 | Day 5 | Day 6 | Day 7 | Day 8 | Day 9 | Day 10 |
|---|---|---|---|---|---|---|---|---|---|
| ○ | | | | | | | | | |

| Day 11 | Day 12 | Day 13 | Day 14 | Day 15 | Day 16 | Day 17 | Day 18 | Day 19 | Day 20 |
|---|---|---|---|---|---|---|---|---|---|
| | | | | | | | | | |

| Day 21 | Day 22 | Day 23 | Day 24 | Day 25 | Day 26 | Day 27 | Day 28 | Day 29 | Day 30 |
|---|---|---|---|---|---|---|---|---|---|
| | | | | | | | | | |

30일간 달성한 나의 성취를 숫자로 나타내고, 주변에 자랑
해보세요.

(예) 수학 문제 100문제 / 30일
(예) 오답 노트 50문제 / 30일

목표를 충분히 잘 달성하고 있다면 지금부터는 조금씩 횟수
나 분량을 늘려나가는 것도 방법입니다.

# 습관 실천 및
# 유지하기

습관 챌린지가 벌써 절반을 지나왔습니다. 지금부터는 조금씩 횟수나 분량을 늘려가도 좋습니다. 나에게 맞는 습관을 점검하면서 계속해서 챌린지를 이어가볼까요?

| Day 31 | Day 32 | Day 33 | Day 34 | Day 35 | Day 36 | Day 37 |
|--------|--------|--------|--------|--------|--------|--------|
| ○ | | | | | | |

| Day 38 | Day 39 | Day 40 | Day 41 | Day 42 | Day 43 | Day 44 |
|--------|--------|--------|--------|--------|--------|--------|
| | | | | | | |

| Day 45 | Day 46 | Day 47 | Day 48 | Day 49 |
|--------|--------|--------|--------|--------|
| | | | | |

혹시 슬럼프가 찾아왔다면 나의 습관 챌린지를 방해하는 것이 무엇인지 생각해보고 적어봅시다.

습관 챌린지를 방해하는 요소들을 확인했다면, 그 요소들을 제거하는 방법도 생각해서 적어봅시다.

| 방해요소 | 해결방법 |
|---|---|
|  |  |
|  |  |
|  |  |
|  |  |
|  |  |

**Day 50**

**습관
굳히기**

지금 실천하고 있는 습관이 이제 익숙해졌나요? 실천 횟수
와 분량은 나에게 적절한가요?

지금의 습관이 완전히 자리 잡기 위해 필요한 것이 있을까
요? 있다면 계획을 좀 더 수정해봅시다.

수정할 것이 없다면 60일까지 지금 이대로 계속하세요.

**Day 51 ~ Day 59**

# 습관 실천 및
# 유지하기

습관 굳히기를 위해 60일까지 계속해서 습관을 실천해보세요.

| Day 51 | Day 52 | Day 53 | Day 54 | Day 55 |
|--------|--------|--------|--------|--------|
| ○      |        |        |        |        |

| Day 56 | Day 57 | Day 58 | Day 59 |
|--------|--------|--------|--------|
|        |        |        |        |

습관을 잘 실천하고 있나요? 포기하지 않고 챌린지에 도전하고 있는 자신의 모습을 마음껏 자랑스러워해도 좋아요. 가능한 한 자주 그 마음을 지속적으로 느끼는 것이 중요하답니다. 여러분의 목표에 더 가까워질 수 있을 거예요.

## 습관 성찰하고 평가하기

이제는 습관 실천표를 보고 나의 습관 목표를 몇 퍼센트나 달성했는지 확인해봅시다.

60일 습관 챌린지를 통해 무엇을 느꼈나요?

60일 습관 챌린지가 자신에게 어떤 영향을 주었나요?

※ 이제는 습관 챌린지를 통한 나의 변화를 확인해봅시다.

## 그릿

다음 질문은 여러분의 평소 모습과 관련된 내용입니다. 문항을 잘 읽고 자신의 모습과 일치하는 정도를 5점 만점을 기준으로 표시해봅시다. (1점 : 전혀 아니다, 2점 : 아니다, 3점 : 보통이다, 4점 : 그렇다, 5점 : 매우 그렇다)

| 구분 | 질문 | 문항별 점수 | 평균<br>(총점 / 8) |
|------|------|------------|----------------|
| 그릿 | 나는 목표를 세우면, 다른 일에 빠지지 않고 그것에 집중한다. | | |
| | 나는 일이나 공부를 할 때, 새로운 생각이나 일 때문에 방해를 받지 않는다. | | |
| | 나는 어떤 생각이나 일을 할 때 흥미를 잃지 않고 집중한다. | | |
| | 나는 2~3개월 넘게 걸리는 일이라도 계속해서 집중할 수 있다. | | |
| | 나는 시작한 것은 뭐든지 끝장을 본다. | | |
| | 어려움은 나를 꺾지 못한다. | | |
| | 나는 부지런하다. | | |
| | 나는 끊임없이 노력한다. | | |
| 총점 | | | |

# 자기효능감

다음 질문은 여러분의 평소 생각이나 느낌과 관련된 내용입니다. 문항을 잘 읽고 자신의 생각이나 느낌과 일치하는 정도를 표시해봅시다.(1점 : 전혀 아니다, 2점 : 아니다, 3점 : 보통이다, 4점 : 그렇다, 5점 : 매우 그렇다)

| 구분 | 질문 | 문항별 점수 | 평균 (총점 / 6) |
|---|---|---|---|
| 자기 효능감 | 나는 자신이 매우 효율적으로 활동하는 편(들인 노력에 비해 결과가 잘 나오는 편)이라고 느낀다. | | |
| | 나는 대부분 내가 하는 일들로부터 뿌듯함을 느낀다. | | |
| | 나를 아는 사람은 내가 일을 잘한다고 말한다. | | |
| | 나는 내게 주어진 일을 잘 해결할 능력이 있다고 느낀다. | | |
| | 나는 내가 아는 것을 다른 사람에게 가르칠 수 있다고 느낀다. | | |
| | 나는 다른 사람보다 잘하는 것이 많다고 느낀다. | | |
| 총점 | | | |

카이스트 학습 습관 챌린지에 참여했던 학생들의 점수와 비교해보세요.

| 구분 | 카이스트 학습 습관 챌린지 참여자 점수(평균) | 내 점수(평균) |
|---|---|---|
| 그릿 | 3.9점 | |
| 자기효능감 | 4.5점 | |

※ 참고용 점수

| 평균 점수 | 진단 |
|---|---|
| 4 ~ 5점 | 매우 높은 편입니다. |
| 3 ~ 4점 | 높은 편입니다. |
| 2 ~ 3점 | 보통입니다. |
| 1 ~ 2점 | 낮은 편입니다. |
| 0 ~ 1점 | 매우 낮은 편입니다. |

다시 도전한다면, 어떤 습관을 새롭게 만들어 보고 싶나요? 60일 습관 챌린지의 경험을 바탕으로 새로운 습관을 계획해봅시다.

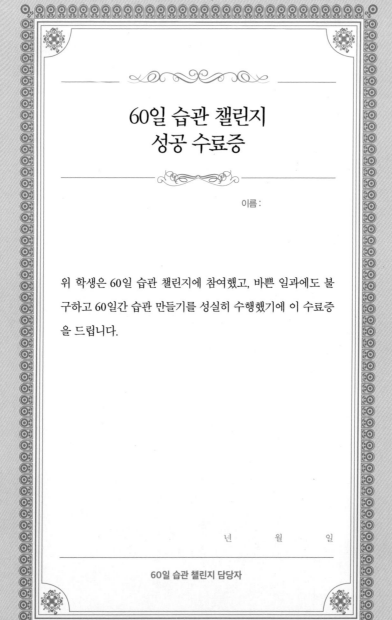

# 60일 습관 챌린지
# 성공 수료증

이름:

위 학생은 60일 습관 챌린지에 참여했고, 바쁜 일과에도 불구하고 60일간 습관 만들기를 성실히 수행했기에 이 수료증을 드립니다.

년        월        일

**60일 습관 챌린지 담당자**

# KAIST

# 참고문헌

1. 성은모, 채유정, 이성혜(2017). 영재학습자의 자기주도학습역량 특성 탐색. 영재교육 연구, 27(3), 299-329.

2. Duckworth, A.L., Peterson, C., Matthews, M. D., & Kelly, D. R. (2007). Grit: Perseverance and passion for long term goals. Journal of Personality and Social Psychology, 92, 1087-1101./ Lam, K. K. L., & Zhou, M. (2022). Grit and academic achievement: A comparative cross-cultural meta-analysis. Journal of Educational Psychology, 114(3), 597.

3. Rosenbaum, M. (1980). A schedule for assessing self-control behaviors: Preliminary findings. Behavior therapy, 11(1), 109-121.

4. Benjamin, D. J., Laibson, D., Mischel, W., Peake, P. K., Shoda, Y., Wellsjo, A. S., & Wilson, N. L. (2020). Predicting mid-life capital formation with pre-school delay of gratification and life-course measures of self-regulation. Journal of economic behavior & organization, 179, 743-756.

5. Bandura, A. (1986). Social foundations of thought and action. Englewood Cliffs, NJ, 1986(23-28).

KI신서 11056

# 카이스트 하루 습관
## 최고의 변화를 만드는 학습 혁명

**1판 1쇄 발행** 2023년 7월 26일
**1판 2쇄 발행** 2023년 8월 16일

**지은이** 이성혜 고대원 박민서
**펴낸이** 김영곤
**펴낸곳** (주)북이십일 21세기북스

**콘텐츠개발본부이사** 정지은
**서가명강팀장** 강지은
**디자인** studio forb
**출판마케팅영업본부장** 한충희
**마케팅2팀** 나은경 정유진 박보미 백다희
**출판영업팀** 최명열 김다운 김도연
**e-커머스팀** 장철용 권채영
**제작팀** 이영민 권경민

**출판등록** 2000년 5월 6일 제406-2003-061호
**주소** (10881) 경기도 파주시 회동길 201(문발동)
**대표전화** 031-955-2100 **팩스** 031-955-2151 **이메일** book21@book21.co.kr

ⓒ 이성혜·고대원·박민서, 2023
ISBN 979-11-7117-011-1 03370

**(주)북이십일** 경계를 허무는 콘텐츠 리더

21세기북스 채널에서 도서 정보와 다양한 영상자료, 이벤트를 만나세요!
**페이스북** facebook.com/jiinpill21 **포스트** post.naver.com/21c_editors
**인스타그램** instagram.com/jiinpill21 **홈페이지** www.book21.com
**유튜브** youtube.com/book21pub

서울대 가지 않아도 들을 수 있는 **명강**의! 〈서가명강〉
서가명강에서는 〈서가명강〉과 〈인생명강〉을 함께 만날 수 있습니다.
유튜브, 네이버, 팟캐스트에서 '**서가명강**'을 검색해 보세요!

KAIST

Title

| 1 | 2 | 3 | 4 | 5 | 6 | 7 |
| 11 | 12 | 13 | 14 | 15 | 16 | 17 |
| 21 | 22 | 23 | 24 | 25 | 26 | 27 |
| 31 | 32 | 33 | 34 | 35 | 36 | 37 |
| 41 | 42 | 43 | 44 | 45 | 46 | 47 |
| 51 | 52 | 53 | 54 | 55 | 56 | 57 |

# 습관 달력

Date

start _____ end _____

| 8 | 9 | 10 |

**Notes**

| 18 | 19 | 20 |

| 28 | 29 | 30 |

| 38 | 39 | 40 |

| 48 | 49 | 50 |

| 58 | 59 | 60 |

**Tip**

| Day 1 | 습관 동기부여하기 (본문 221쪽) |
| Day 2 | 습관 선택하기 (본문 223쪽) |
| Day 3 | 습관 계획 세우기 (본문 226쪽) |
| Day 10 | 습관 계획 점검하기 (본문 232쪽) |
| Day 30 | 중간 점검! (본문 236쪽) |
| Day 50 | 습관 굳히기 (본문 240쪽) |
| Day 60 | 습관 평가하기 (본문 242쪽) |